遊歷港島

香港電車軌跡

周家建　張順光　吳貴龍　著

三聯書店（香港）有限公司

責任編輯　梁偉基
封面設計　Alex Ng
版式設計　吳冠曼

書　　名　**遊歷港島：香港電車軌跡**

著　　者　周家建　張順光　吳貴龍
出　　版　三聯書店（香港）有限公司
香港北角英皇道 499 號北角工業大廈 20 樓
Joint Publishing (H.K.) Co., Ltd.
20/F., North Point Industrial Building,
499 King's Road, North Point, Hong Kong
香港發行　香港聯合書刊物流有限公司
香港新界大埔汀麗路 36 號 3 字樓
印　　刷　中華商務彩色印刷有限公司
香港新界大埔汀麗路 36 號 14 字樓
版　　次　2016 年 7 月香港第一版第一次印刷
規　　格　16 開（210 mm × 255 mm）180 面
國際書號　ISBN 978-962-04-3991-9

Published in Hong Kong

目錄

HONG KONG
TRAMWAYS

魏文序

我很高興和榮幸介紹這本由香港電車有限公司的老朋友兼香港電車史專家張順光先生、學者周家建博士與集郵專家吳貴龍先生合著的新書。本書作者對電車公司歷史非常了解，我們有時亦依賴這些資料來釐清某些歷史事件，或發掘舊圖像和收錄記憶。以此，本書乃一部權威的電車通史，為讀者提供電車與香港社會文化歷史之關係的原創洞見。在我們慶祝一百一十二週年的同時，本書適時提醒了大家香港與其電車系統那跨越困難、變化和發展年代的緊密聯繫。電車除了載客，更承載著香港文化及本地居民的生活點滴。

香港電車在 1904 年 7 月開始營運之時，香港人口才三十萬。電車為本地首個大眾運輸系統，沿著海濱暢行。今天，香港已成為一個國際都會，電車在距離海濱幾百米的道路上、且為世界上最密集的環境之中行駛。與電車軌道平行營運的，還有一個現代化的地鐵系統，以及上百條巴士及小巴路線；然而香港電車真正的威脅是交通擠塞，這源於私家車數量越來越多所致。但它同時證明了電車的實用性和順應力，在如斯環境下，仍能保持每天載客十八萬人次。

電車乃本港最經濟、最具社會包容性的交通工具。當路邊空氣質素成為焦點問題的時候，電車卻是都市走廊上最環保的交通工具。在有限的路面空間，電車可靠性和高效率，令香港變得更宜居住、更可持續發展，也理所當然地成為我城的標誌。

「能成為市民珍重的文化歷史財產而自豪，同時力求卓越，超越 21 世紀顧客的期望」是電車公司的使命。自 2009 年開始接手營運，RATP Dev Transdev Asia 積極改善電車服務，同時尊重電車獨特的文化價值。我們推出了新一代電車——「新型號車廂」、新的電車定位及調配系統、NexTram 實時班次資訊系統，以及新式路軌維修及鋪軌方法。今天，我們繼續推出各項新措施以優化管理，更有效地回應乘客的需求，並提高旅程的舒適度。我們也推出一系列活動以展示電車的歷史意義，如嶄新的「電車全景遊」。我們以靈巧、開放和合作的態度服務香港，並與順光先生及其他電車之友共同協作。

我相信你會像我一樣喜歡本書，並希望你前來乘搭我們的電車，享受「100%香港」的體驗。

魏文（Emmanuel Vivant）

RATP Dev Transdev Asia 行政總裁

香港電車有限公司董事總經理

Preface

It is my pleasure and privilege to introduce this new book by a true friend and specialist of Hong Kong Tramways, Alan Cheung, an expert in Hong Kong tramways history, together with Dr. Kelvin K Chow, a scholar and Ng Kwai Lung, a philatelic expert. Such are their knowledge of our company that we sometimes depend on them to clarify old events from our own history, or to unearth old pictures or memories. As such, this book will provide the reader with an authoritative general history of the tramway, as well as an original insight into its relationships with Hong Kong's social and cultural history. As we celebrate our 112th anniversary this will serve as a timely reminder of the strong connection between Hong Kong and its tramways, built across times of challenges, changes and developments. More than people, trams are truly carrying a piece of Hong Kong's culture and its residents' life stories.

When Hong Kong Tramways started operations in July of 1904, Hong Kong was a city of 300,000. The trams were the first mass transit system in the city and were running clear of traffic along the waterfront. Today Hong Kong has become one of the world's great metropolis, the trams run a few hundred meters inland, in one of the most dense environments on the planet. Running parallel to the tram track are now a modern metro system and dozens of buses and minibuses routes – but the real threat to Hong Kong Tramways is congestion on roads, caused by an increasing number of private cars. But it is a testament to the Trams' relevance and resilience that they still carry 180,000 passengers a day.

Trams are the most economical and as such the most socially inclusive mode of transportation in HK. Trams are the most eco-friendly in an urban corridor where roadside air quality is a real issue. Trams are reliable and very efficient users of our limited road space. Trams make Hong Kong more livable and sustainable. Trams have also become, of course, an Icon of our city.

"Proud of our Heritage while striving to meet the expectations of the 21st century passenger"is how we define our mission. Since taking over the management of the company in 2009, RATP Dev Transdev Asia has endeavored to improve the service while respecting the tram's unique cultural values. We have launched a new generation of tramcars – the"Signature Trams", a new Trams Positioning and Dispatching system, the NexTram real- time passenger information system, new track maintenance and lying methods. Today, we continue working on new initiatives to optimize regulation, better serve the passenger's demand and improve onboard comfort. We also launch new initiatives to showcase the tram's historical significance, such as the new TramOramic tour. We try to be smart, open and collaborative – this includes working in tandem with partners such as Alan and other tram friends.

I am sure you will enjoy this book as much as I did, and I hope to see you soon onboard our trams to enjoy an "100% Hong Kong" experience.

Emmanuel VIVANT

CEO, RATP Dev Transdev Asia

Managing Director, Hong Kong Tramways

李俊龍序

我生於幸福的 80 年代，那時的香港社會和諧、人情味濃，使我自小對電車產生了濃厚興趣。成長中令我印象最深刻的，是見證了香港電車於 80 年代末換上第六代車款，以及羅素街車廠改建成為時代廣場。

2006 年我創立了香港電車迷會；2009 年在一個合辦的電車展覽中初次認識張順光先生，每談起電車，我們倆就興奮不已，滔滔不絕；2013 年底我在山頂廣場開設了香港電車文化館，有幸邀請張先生擔任榮譽顧問。

喜歡電車，是一種緣份！認識張順光先生，是一種福氣！為補足歷史知識，我從昔日明信片中，發現了香港與電車的美，配上張先生的演繹，讓我更深入地認識了當中不少的典故，使我獲益良多！也為我在推廣電車發展和保育的工作上，帶來了很大的動力和反思。

張順光先生聯同周家建博士和吳貴龍先生撰寫本書，不但展現出電車是香港歷史發展的載體，亦是香港人的集體回憶。電車的出現，絕非偶然之餘，它更是香港的象徵。書中配以三位作者的珍藏，不但增添了本書的可讀性，更讓讀者透過觀察「電車路」兩旁的變化來感受時光的流逝。

往事只能回味，回憶總是美好的！現在我們就走進這本好書中，跟隨他們的導賞，一起認識香港電車走過的點點軌跡吧！

李俊龍

香港電車迷會會長

序章

我們一起坐「叮叮」的日子

行駛於港島北岸、跨越多個行政區域的電車，稱得上是香港歷史最悠久的陸上交通工具之一。

這支全球規模最大的雙層電車車隊，擁有電車一百六十四輛，包括兩輛供遊客和私人租用的開篷電車，以及一輛特別維修電車；共有七條路線，行走堅尼地城至筲箕灣、一段長十三公里的雙程路軌，以及環繞跑馬地一段長約三公里的單程路軌。每天電車的載客量約有十八萬人次，在主要幹道上，平均相距二百五十米便有一個電車站。

每天晨曦初露，電車便忙碌地穿梭於東西區之間，直至夜深人靜為止。一百多年來，那鋥亮的軌道、熟稔的聲響，承載著香港發展的歷史，並成為港島的重要標誌。

擴大城市居民生活圈

電車作為香港主要交通工具之一，其歷史可以追溯至 20 世紀初。電車給現代人一種「慢」的感覺，但有誰會想到，它曾經是香港速度最快的電氣化陸上交通工具。

工業革命以前，人們的生活圈受限於步行的速度。自人類駕馭了煤及石油中的能量，並轉化為推動交通工具的能源後，人們可以前往更遠的地方，視野亦隨之擴闊。特非爾（James Trefil）在《未來城》（*A Scientist in the City*）中，以倫敦為例子，提出了在 1819 年，人們步行約四十五分鐘，便可以到達都市的邊陲，因此人們的生活圈是以四十五分鐘的步行路程為限。隨著交通工具的演進，人們的活動範圍及城市範圍同時得以擴大，從倫敦市中心往任何一個方向走，都只是三十至四十哩長，人們利用日常乘搭的交通工具只需要四十五分鐘便可以到達不同的地方。人們的生活圈仍然是以四十五分鐘的路程為限，不同的是集體運輸系統取代了步行。[1] 由此可見，交通工具革命性的演變，擴大了城市的規模。

依此推斷，電車肯定擴大了港島居民的活動範圍。從前只在居所附近過著日常生活的坊眾，隨著電車的出現，生活圈變得廣闊了。

在亞洲日漸普及

電車是西方產物。英國在 1807 年首先利用有軌車輛作為客運服務，稱為公共馬車（omnibus），動力來自馬匹拉動。1879 年，德國工程師西門子在柏林的博覽會上首先嘗試使用電力推動的軌道車輛。此後俄國的聖彼得堡、加拿大的多倫多、美國維珍尼亞州的列治文等地，相繼提供有軌電車服務，而位處亞洲的日本京都在 1895 年亦開始了電車運作。

為了確保服務的穩定性，英國在 1870 年通過了《電車條例》（*The Tramways Act 1870*），成為該國城市交通發展的里程碑。黑池成為首個有電車服務的英國城市，1885 年 9 月 29 日，由黑池有軌電車公司（Blackpool Electric Tramway Company）營運的電車在該市的海岸行駛，見證了英國電車歷史的開端。此後，多個英國城市相繼利用電車服務市民。

英國在亞洲的殖民地和租借地提供電車服務，可視為宗主國將現代化交通工具引入殖民地的一項工程。印度加爾各答（Calcutta）在 1880 年通過該市的《電車條例》。星嘉坡的《電車條例》（*The Tramways Ordinance of 1882*）是在 1882 年立法，但要到 1905 年才提供服務，直至 1927 年被巴士服務取代。孟加拉（Bengal）在 1883 年通過《孟加拉電車條例》（*The Bengal Tramways Act, 1883*）。印度在 1886 年通過《印度電車條例》（*The Indian Tramways Act, 1886*），至 1895 年 5 月 7 日，馬德拉斯電車公司（Madras Tramways Company）開始在清奈提供商業電車服務，成為印度境內首個電車系統。檳城在 1890 年開始有蒸氣軌車服務市民，至 1905 年 12 月 23 日改以電力發動。錫蘭（即現今斯里蘭卡主要城市哥倫坡）的電車服務在 1900 年開始運作。上海有軌電車可以追溯至 1908 年的英租界。

作為英國殖民地，香港政府在 1882 年頒佈了《有軌電車事業條例》。根據該條例，電車服務分為六段工程，當中包括電車和纜車在內。鑑於山頂纜車運行初期營業狀況欠佳，因此纜車公司擱置計劃中餘下的五段有軌電車。1901 年 8 月 29 日，香港政府頒佈了《香港電車條例》，鼓勵財團營運港島北岸電車路線。1902 年香港政府又提出《車路條例》修正案，將山頂纜車與電車路線分開，其將市內電車路線交給於當年成立的香港電車電力有限公司承辦。

同年 2 月 7 日，香港電車電力有限公司在英國倫敦成立，負責建造及營運香港電車。但在同年底，這家公司被香港電力牽引有限公司接管。從 1903 年起，該公司開始進行路軌鋪設工程，初期鋪設堅尼地城至銅鑼灣的單軌，其後延長至筲箕灣。

香港電車最初的營運路線貫通了港島北岸的繁盛地區，並且在銅鑼灣羅素街興建車廠。首批電車共有二十六輛，分別為十輛頭等及十六輛三等，全部為單層設計，車身以組件形式從英國運抵香港後裝嵌。頭等電車的頭尾部分採用開放式設計，中間則是密封，每邊設有兩行長椅，可載客三十二人，每位收費港幣一角。三等電車採用全開放式設計，設有六排背對背長椅，可載客四十八人，每位收費港幣五仙。

1904 年 7 月 2 日，香港電車首次駛離車廠做試驗性行駛。經過多日測試後，於 7 月 30 日正式通車。電車代替傳統以人力及畜力推動的交通工具，標誌著香港進入了「摩登時代」。1910 年，香港電力牽引有限公司改名為香港電車有限公司。同年，為防止貨運工人擅用電車路軌，香港政府立例禁止其他車輛使用電車路軌。

由於電車乘客持續增長，電車公司於 1912 年引入了雙層電車十輛。早期的雙層電車，上層為開篷式設計，設有長椅供乘客使用。上層及三分之一的下層被劃為頭等座位，其餘為三等車廂。翌年，上層加設了帆布帳篷，以便全天候運作。

見證香港重大事件

電車便利了港島居民，拉近了地區距離，同時讓路線兩旁的地區取得長足的發展。但電車公司的英資背景，卻往往令它成為本地華人衝擊的對象。

1912 年，廣東革命政府面對財政困難，希望透過發行公債和向海外僑胞募捐經費，以解燃眉之急。香港政府對廣東革命政府表現出不友善的態度，令僑居香港的華人感到不滿。11 月，香港電車公司公佈，拒絕乘客以廣東貨幣支付車資，進一步加深了社會矛盾。11 月 24 日，部分華人發起杯葛電車行動，並在筲箕灣阻撓電車行駛，混亂之際，警民發生衝突，滋事分子向英籍警官投擲磚頭，一名警目拔槍指向群眾。兩天後，中區德輔道中再度發生警民衝突，最終演變成騷亂。騷亂期間，有暴徒向警員施襲，將石塊擲向警員，警方至少拘捕四名人士。

為了確保電車服務恢復正常，以及平息社會紛爭，香港政府除加派警員巡邏電車路線外，亦派遣五十名英軍在電車內當值，以防騷亂再度發生。此外，港督梅含利（Sir Francis Henry May, 1860－1922）會見了一百多位華人紳商，解釋電車公司拒收廣東貨幣的原因，並聲言要以徵收特別稅來填補電車公司的損失。事實上，部分持有電車公司股份的華人領袖亦希望爭端盡快平息，使社會運作回復正常。

蔡榮芳在《香港人之香港史 1841－1945》中提及電車公司拒收廣東貨幣之事時指出，參與杯葛者包括小型銀號、錢莊、南北行、金山莊等商人，原因是他們從僑匯中所得的利益甚廣，而香港政府禁止外幣在香港市面流通，會嚴重損害他們的經濟利益；至於電車公司拒收廣東貨幣，是因為廣東貨幣幣值較港幣為低，會直接影響電車公司的收益。[2] 經過香港政府多個月所推行的軟硬兼施的政策，以及在華人殷商協調下，杯葛電車行動才告平息。

1922 年，電車公司總部由英國遷至香港，以獨立控股公司形式經營，怡和洋行為主要股權持有者。同年，電車的供電系統改為連接香港電燈公司的供電網絡。1923 年，雙層電車上蓋以木質材料替代早期的帆布帳篷。1924 年開始，電車公司進行雙軌鋪設工程，以解決乘客增長的問題。翌年，電車公司更引入全密封式雙層電車來提升服務質素。

1925 年 5 月中旬，位於上海的日商內外棉株式會社工廠發生工潮，導致工人領袖顧正紅（1905 — 1925）被殺害。學生舉行追悼會，卻遭到租界巡捕房逮捕；30 日，學生二千餘人在公共租界進行演講以聲援罷工工人，並要求釋放被捕的學生，英租界巡捕採取武力干預，開槍射擊示威學生及群眾，造成數十人死傷，史稱五卅慘案。

事件引致中國各地組織聲援運動，當中日本及英國成為眾矢之的。香港工會以中華全國總工會總書記鄧中夏（1894－1933）及香港海員工會蘇兆征（1855－1929）等人為首，召開香港各工會聯席會議，成立全港工團聯合會，議決罷工。6 月 19 日起，電車、印刷、船務等工會首先響應。21日，電車公司華人僱員加入罷工行列，導致電車服務停頓。1926年10月10日，罷工委員會解散，省港大罷工宣告結束，電車服務才恢復正常運作。

1937年7月7日，抗日戰爭爆發，香港成為了不同人士的避難所。除了逃避戰火的中國難民外，日本的反戰人士亦從中國境內遷移到香港，當中包括生於大阪的評論家大宅壯一（1900－1970）。他在1937年末曾短暫停留香港，期間寫下了一些遊記，刊登於《改造》和《日本世界知識》等雜誌上。當中〈諜都香港之行〉曾被呂芳節翻譯成中文，收錄在殷楊編輯的《嚴重的香港》一書中。

〈諜都香港之行〉是他在香港的遊歷記載，當中記述了他乘坐電車遊覽的經歷：

> 有一天，我和青年T君到筲箕灣太古船塢遊玩，他在香港住了十多年，說粵語極流麗，而且面貌上也酷似華人，兩人都以為一同出門一定絕對安全的。
>
> 我們坐頭等電車去，沿途將漁艇和漁人生活攝入鏡頭，車近筲箕灣游水棚時，看見海濱的鐵軌，枕木及其他軍用品堆積如山。我從車窗裏將他收入鏡頭，以為游水棚內堆著軍用品的景色大有新聞價值的。突然坐在T君背後一位似是智識分子的中國人撾住T君說些什麼話，T君用得意的粵語說明我的身世，聲明我的攝影別無大目的。可是這樣就出了岔子，那中國人本來以為T君是華人，這時不免要問：「先生是中國人還是台灣人？」接著叫道「漢奸！漢奸！」
>
> 其他乘客也喧動起來，兩人心裏感到不好，不期一齊站起：「下車吧！」我說，於是從樓上跑下，向司機叫道：「停車！停車！」
>
> 可是司機似乎看出了我們的神情，所以雖看見不遠就是車站，但絕未停車，反而加快速度。
>
> 於是T君在背後叫道：「跳下去！」我首先跳下車，T君跟著也跳下來，車上的人似乎仍在喧動，可是沒有一個人有跳下車追趕我們的勇氣。我們飛跑，不久，跑到安全地帶。[3]

1941年12月8日，日本發動太平洋戰爭，香港首當其衝，受到日軍海、陸、空三路進攻。張愛玲（1920—1985）在〈燼餘錄〉中，寫下了香港保衛戰爆發後的戰況，其中便看到了電車的身影：

港大停止辦公了，異鄉的學生被迫離開宿舍，無家可歸，不參加守城工作，就無法解決膳宿問題。我跟著一大批同學到防空總部去報名，報了名領了證章出來就遇著空襲。我們從電車上跳下來向人行道奔去，縮在門洞子裏，心裏也略有點懷疑我們是否盡了防空團員的責任。——究竟防空員的責任是甚麼，我還沒來得及弄明白，仗已經打完了。——門洞子裏擠滿了人，有腦油氣味的，棉墩墩的冬天的人。從人頭上看出去，是明淨的淺藍的天。一輛空電車停在街心，電車外面，淡淡的太陽，電車裏面，也是太陽——單只這電車便有一種原始的荒涼。[4]

經過十八天的激烈戰鬥，守軍寡不敵眾，終於在 12 月 25 日下午 5 時 50 分，於指揮部掛起了白旗，向日軍投降，香港正式進入日佔時期。

日佔期間，電車是港島最早恢復服務的交通工具。據台灣銀行香港支店在 1942 年下旬所做的調查，電車是在 1942 年 1 月 14 日局部恢復行駛。票價方面，「上環街市—銅鑼灣」線：一等票價是四錢，三等票價是兩錢；「上環街市—山王台」線：一等票價是六錢，三等票價是三錢。[5] 電車公司同時推出「學生廉價季票」、「公務員免費乘車證」、「回數券」、「定期券」等優惠票，以吸引乘客。[6]

3 月 20 日，電車全線恢復行駛，由筲箕灣至山王台共設有四十七個車站，另外「競馬場」支線設有七個車站。[7] 5 月至 10 月期間，每日乘搭電車的人數平均達三萬七千人。[8] 當電車局部恢復服務時，電車公司共聘用了十二名日裔員工、九百三十三名華裔員工，同時增設女售票員和收票員，為女性提供就業機會。[9] 路線方面，增設了「山王台—競馬場—筲箕灣」線。此外，為便利貨運，曾於早上設貨運專車。[10]

日本當局曾拍攝政治宣傳片《香港》，以影像來宣傳香港已回復歌舞昇平的景況，宣傳片中除了包括一輛電車駛經德輔道中的情景外，當中一幕更是攝錄著電車上層內的情形，細緻地表達出「香港占領地」已回復「正常」，但坐在車廂末端的日軍士兵，卻又透露出「占領地」的「不正常」。在日本殖民統治下，電車成為了政治宣傳的工具。

電車亦是日佔時期報紙連載小說中常常出現的交通工具。1943 年 4 月 14 日的《香島日報》，有一篇題為〈香港的清晨〉的專欄文章，記者寫下了清晨時分電車內外的情況：

清晨，天邊僅露著一線的曙光，電車已發出隆隆的聲響在開行了。車廂裏，燈還亮著，人是疏疏落落的。可是，這些人，都有著他們的工作，多是趕買貨物，預備一天的營生。魚市、菜市等都多數在西環，因此西行的車，比東行的人多一點。疏落的電車，不時會發現一兩個穿著黃制服的人，這就是電車服務員。晨光熹微的上午六七時，就是他們工作開始的時間。[11]

1945 年 8 月 6 日，美軍在廣島投下第一顆原子彈。三天後，美軍又把第二顆原子彈投到長崎。15 日，日本宣佈無條件投降。30 日，英國太平洋艦隊司令夏愨海軍准將（Rear Admiral Cecil H. J. Harcourt, 1892－1959）率領英國皇家海軍特遣艦隊抵港，恢復對香港行使主權。重光後，因北角發電站在戰時遭盟軍空襲炸毀，英軍用潛艇給電車發電，並安排人員駕駛，直至原有的電車司機陸續返回崗位。[12]

小思老師在〈電車〉一文中，憶述自己老師因抗日戰爭失去了家人，戰後從中國返回香港，登岸時看到熟悉的電車，竟悲從中來，感觸落淚：

好容易捱到抗戰結束，逃難時，爸媽都在戰火中死去，我揹著小包袱輾轉回到香港來，上岸看見從小見慣的電車，再聽到幾下熟悉的鈴聲，忽然莫名的悲痛起來，也沒想過男人站在街上哭有甚麼後果，便嗚嗚的哭起來。八年離亂，親人一個個死去，也只咬著牙，不流一滴淚。想不到，聽見幾下電車鈴聲，就哭得那麼慘，真不明白甚麼原因。[13]

景物依舊，人事卻全非，電車成為了主人公的「回憶載體」。

20 世紀下半葉，香港曾經歷兩次大規模暴動，包括 1956 年的「雙十九龍暴動」及 1967 年的「香港左派暴動」，當中 1967 年的暴動更蔓延至港島。作為港島的主要交通工具，電車亦受到很大程度的影響。

這場暴動持續了半年多，期間曾發生遊行、罷市和武裝衝突，7 月 11 日，灣仔更發生縱火焚燒電車事件。1968 年 3 月的《知識分子》刊登了劉以鬯的〈動亂〉，當中他以擬人化手法，透過十四件物件來記述香港暴動時的情況，當中的「電車」，正是當時的紀實回憶：

我是一輛電車⋯⋯這天晚上，我從中環街市開出，向筲箕灣駛去，經過騷動地區，有人用鏹水向我擲來，灼傷了兩位乘客，他們從車廂跳出。就在同時候，那司機也被人用石頭擊中額角，流出很多血。我再也不會動，呆呆的停在那裏。對於我，這是新鮮的經驗，我從來沒有遇到過這種事情。我只是好奇，一點也不緊張⋯⋯我倒覺得很有趣。作為一輛電車，我對人類的所作所為根本無法了解。[14]

隨著局勢漸趨穩定，香港走出了60年代的陰霾，很快便迎來了70至90年代經濟高速發展的新形勢。香港利用本地及鄰近地區的廉價勞動力優勢，配合適時的經濟發展策略，一躍成為「亞洲四小龍」之一。為配合城市的急速發展，香港政府在70年代中葉，落實興建地下鐵路，其中「港島線」與電車的幅蓋範圍大致重疊。

即使這兩種交通工具網絡重疊，但是電車的便利與便宜，無損它的市場佔有率。1974年，九龍倉收購電車公司，繼續經營這個深受市民愛戴的集體運輸系統。經營期間亦曾錄得小額盈利。為了增加公司的資產值，1986年行政局通過將電車廠遷至西營盤及西灣河後，九龍倉開始拆卸銅鑼灣羅素街車廠，改建為今天的時代廣場。

2008年，電車公司收入約有港幣一億五千萬，廣告收益亦有港幣五千萬。2010年，九龍倉宣布將百分之五十電車公司股權售予法國威立雅運輸集團（Veolia Transport）。直至今天，香港電車服務仍然由這家法國公司管理。

新股東接手經營後，決定優化電車的經營模式，以迎合新時代的需求，當中包括訂購新型號的車廂。電車公司董事總經理魏文（Emmanuel Vivant）曾說：「新型號電車看起來像舊電車，那是因為我們想保留電車的歷史、老電車的感覺，而又完全不同的是，新型號電車是由鋁製造，舊時的電車則是木造，鋁製車廂更為現代化、更耐用，車身較輕，可耗用較少能源。還有新引擎，比舊引擎可以節省百分之二十五的能源使用，而且更安全，噪音減少，更舒適。」[15]

隨著新的車廂在繁忙的鬧市中行駛，它的軀體雖不至於脫胎換骨，但亦教人有賦予新生命之感。

電車的香港文化史

電車在香港的文化史上，曾被用作不同的解讀來展現出作者的意念，而其車廂更成為故事的舞台。誠如黃自鴻在《小說空間與台灣都市文學》中談及到「室內空間」，他指出：「每一個由人建造的室內空間，都是已經被配置獨有功能的場所。」[16] 因此小說的故事情節，往往會利用這些獨有的空間來推動劇情。而電車，作為香港著名的「移動建構物」，它的內在氛圍和外在環境加添了故事的可塑性。

文藝世界中的電車

每位文學家都有屬於自己的城市，而香港早期的文學家，大都是生活在電車盛行的年代，因此他們的作品常有電車的蹤影。小說內容需要有多元的空間，才能讓作者營造出主題和設計情節，而故事的主人翁們亦能在那多元的空間內活動。[17] 以電車為例，它曾在不同的文藝作品中出現。我們在不少作家筆下也能夠尋找到電車的身影，例如小思的〈北角〉、劉以鬯的〈九十八歲的電車〉、也斯（1949－2013）的〈電車的旅程〉、俞風的〈那時候的電車〉等文學作品。那多元的空間不只局限於車廂內，亦因應電車的流動性而將發展空間擴展至電車沿線的城區。居港的法裔作家 François Boucher（筆名 Fan Tong）在其著作 *Out of Time in Wan Chai*，便是以電車路線中的灣仔為主軸，刻劃出書中三位主角在 1967 年暴動期間的相遇和經歷，而書中的第四位主角，正是「電車」。

電車在文藝作品內出現，可追溯至其投入服務的初期。鄭貫公（1880－1906）用署名「仍舊」在 1906 年初的《唯一趣報有所謂》連續發表了九篇〈香江新歲竹枝詞〉，當中的〈十〉便提及電車：

> 新年最是得閒時。賽馬於今已有期。預便逢場爭作興。電車齊搭快如飛。
>
> 聞道親王到港遊。彩棚準備搭街頭。春宵從此增高慶。燈火笙歌是更幽。[18]

1924年6月14日，曙青在《華字日報》上發表了〈香港消夏竹枝詞〉，其首四句同樣描述了電車：

電車十里疾如梭。大道迴環壹綫拕。日晚近涼頭等位。男兒不及女兒多。[19]

當電車遊走於港島鬧市時，車外的景況往往展現出城市的生活，亦是刻劃歷史的載體。張愛玲在〈公寓生活記趣〉中，寫下她在上海的逸事，但文中提及她對香港的感覺時，她寫著：「在香港山上，只有冬季裏，北風徹夜吹著常青樹，還有一點電車的韻味。」那「電車的韻味」成為了她對香港的感情回憶，一種對城市的回憶，而電車響起的聲音，正是張愛玲喜歡的「市聲」中不可或缺的聲音。[20]

因為電車是市民日常接觸的公共交通工具，所以亦成為了文藝作品中經常出現的「常客」。例如劉以鬯在《酒徒》中，常提到主人翁老劉喝醉後，往往想起街頭的電車、南華對巴士的足球賽事，以及灣仔和銅鑼灣等生活寫照，主要是老劉曾住在那兩個區，會經常聽到電車聲之故。

1949年移居香港的梁寒操（1899－1975），曾任教培正中學和新亞書院。居港五年期間，他創作了多首竹枝詞。其中〈香港竹枝詞〉提及香港的情況，同樣發見電車的身影，「無聊排遣欲如何。流覽通衢樂亦多。花費兩毫真值得。納涼遊盡電車河」。[21]

除了香港作家外，電車亦讓戰後南來作家留下了深刻印象。例如在香港渡過下半生的東北作家李輝英（1911－1991），在〈港居三題〉中多番寫下了對電車的觀感：

> 香港的雙層電車，是市內的主要交通工具……我終年乘搭電車，除了去九龍、除了去郊區或是半山，須得改搭巴士，不如此便只有步行了，其餘的出街時間，我都是電車的老主顧。坐在電車裏，不像坐在巴士裏那般的侷促，擠搭電車的時候，也沒有擠搭巴士那樣的緊張，巴士站上候車的人們，一待巴士風馳電掣似的開來，他們蜂擁而上的情況，我常常認為那不是搭車……[22]
>
> 再為大眾的利益著想，電車的沿路皆停，便於搭客上下，三等電車僅收一角車費，使一般經濟情況不佳的勞苦大眾也能做為代步的工具，人人稱便，你再想對於電車嘖有煩言，怕也難開口了。[23]

此外，他亦借助電車的功能表現來描繪城市的光景和都市人的心態：

有些人抱怨電車，因為行車時間聲響太大，尤其是午夜清晨時候，簡直是擾人清夢；還有，一些心急的人寧棄電車趕搭巴士，因為巴士行車速度高過電車……

對於貪睡的人，電車是很好的鬧鐘。每天早上五點鐘一過，它就把那馳行於鋼軌上清脆的輪轉聲傳入你的屋內，你醒了，一點兒也不悮事，趕你的早班。早上的電車，從來都是乘客稀疏的時候，天色欲明未明，路燈欲收未收，馬路甦醒了，隨著飄來使你精神煥發的新鮮空氣……

夏天上街，為了避熱，搭搭電車就非常的必要了。坐在雙層電車的樓上，敞開所有的車窗，風，迎面不斷吹來，就算是熱風罷，那也足可祛暑而來使你心曠神怡。再加以你若放眼遠望，看看遠山，看看近海，看看重樓，看看公園，那種目不暇給的情緻，使你忘去了所有埋藏內心之中的不快，而取得一時一刻的憩息和享受，這，我個人認為正是搭電車的好處。[24]

他指出電車在日漸緊湊的生活節奏裏，給乘客另一種「悠閒」的選擇，而除了這個因素外，便宜的車資亦給予乘客在經濟上的方便。

電車亦成為遊客訪港時，不容錯過的經驗。例如文壇巨匠巴金（1904 — 2005）第三次訪港期間，便專程乘搭電車觀賞香港景色。回國後，他在〈香港之夜〉中描寫了這趟電車之旅：

街上的兩層電車引起我的興趣。朋友 A 為了滿足我的好奇心，就邀了他的舊同學一道去搭電車，那人給我們選了一條最長的路線。

我們在先施公司門前一直坐到筲箕灣，然後又搭原車回到先施公司，車價來回一共兩角：頭等票每次一角，不論遠近都是一樣。

頭等座位在上面一層，這就是電車的樓座，由前面的樓梯上去。座位不多，但車裏是不會擁擠的，座位一滿，下面的鐵門就關住不許客人上車了。

我揀了一張單人椅坐下，朋友們坐在後面兩人坐的椅子上，我的座位在靠外面的一邊，就是靠海的一邊，我便倚窗，埋頭去看下面的街市。

車緩緩地向前走，這時太陽快要落下去了，只有一點最後的陽光還留戀地掛在屋頂上。車裏沒有甚麼鬧聲，也少有大走動，中途不過兩三個人下車。我很安穩地坐在椅子上，一個旁觀者那樣我把眼睛埋下去看下面的世界。同時我慢慢地在思索一些事情。我眼睛所看見的景像不停地變動著。熱鬧的街市，花園，學校，樹木，海水……

到了海濱游泳場區域〔那裏有幾個游泳場〕，全車的男女乘客都陸續下去。〔我們看得見許多人在那裏游泳或划船〕。最後車裏只剩了我們三個。我們始終沒有下車，就坐這輛車回到了先施公司，那時街旁已是燈燭輝煌了。[25]

巴金的記述，不只寫下了電車內的情景，亦記錄了當時香港的實況。電車為人們帶來愉快遊歷感覺之餘，亦為人們帶來情感上的依附，從而成為了「記憶載體」。

電車在香港歷史的洪流中，亦被文化人刻上了時代轉折的印記。李碧華在 1997 年香港主權移交前夕，選擇了電車作為對殖民時代終結的最後記錄：

當人人爭相搶拍殖民地色彩物事，我想起電車。決定了「電車之旅」…… 為甚麼是電車？自 1905 年 7 月起，電車已通車了，從前的票價，頭等一毛，三等五仙。經多番變遷，今天仍是一元六角。「叮叮」原是綠色的，險遭淘汰，後來換過一身廣告花衣裳。我愛電車自由閒適。車內擠擁，外面卻是一大片風景，風涼水冷。——少坐電車，只因花不起時間。沒時間了 ……。六月三十日那天，我把所有時間都給了它。[26]

光影世界中的電車

電車曾經在不少電影中擔當配角甚至主角。電車不經意地出現，正好代表電影的故事發生在「香港」，而那個車廂的出現，正是「香港」的代言物。1960 年派拉蒙製作的荷里活電影《蘇絲黃的世界》（*The World of Suzie Wong*），男主角威廉・荷頓（William Holden,

1918－1981）橫越灣仔莊士敦道時，看到電車出現之餘，更見到位於該處路旁的電車路線接線箱。此外，1982 年由查克．羅禮士（Chuck Norris）主演的動作片《赤膽屠龍記》（*Forced Vengeance*）在中環的一場追逐場面，更見到一輛電車拖卡。

本土電影方面，早在 1959 年上映的、由吳楚帆（1910 — 1993）、羅艷卿擔綱演出的《十號風波》已經出現了電車的身影。後來，由譚家明執導的《烈火青春》（1982 年）和關錦鵬執導的《胭脂扣》（1987 年），分別借助電車車廂的空間演繹出兩個截然不同的故事。《烈火青春》中，湯鎮業與夏文汐在電車上的親熱鏡頭，令電車變成無限春光的色慾場所。《胭脂扣》中女鬼如花（梅艷芳飾演）與報社記者袁永定（萬梓良飾演）在電車上相遇，他們陰陽相隔卻同處一輛電車內，觀看著窗外的城市。在「時間空間」論述上，電車車廂的空間帶有一種「景物依舊」的感覺，而車廂外的空間已是「人面全非」的事實，兩者結合起來，正好道出了「時間流逝」的定律。由杜琪峰執導的《PTU》（2003 年）的其中一幕，機動部隊小隊警長何文展（任達華飾演）和同袍在尖沙咀金馬倫里追截匪徒時，下一個場景，竟然是一輛電車經過的灣仔。尖沙咀和灣仔是兩個在地理上不相連的地方，但在電影故事裏，時空之間卻給人相連的印象，而那輛「電車」所扮演的角色，就是「香港」。

曲詞世界中的電車

除了文學、電影借用電車展現其故事內涵外，流行曲亦經常以電車為題。潘泳儀在〈論粵語流行曲中香港本土意識的延續：以陳少琪《時代廣場》為例〉中指出：

> 香港集體回憶是大家一起經歷的歷史或文化事件。而集體回憶可以說是源自 50、60 年代的土本主義的延續和轉化。60、70 年代香港大眾文化受本土主義影響，開始標榜香港特色，以粵語為主以香港為本位，其中以粵語流行歌為代表之一。到 1980 年代粵語流行歌不再依附電視，開始成熟並且強調都市的生活。加上 1980 年代回歸討論，粵語歌詞開始涉及家、國、情等題材，其中包括香港情 ……九七回歸後，家國問題消失，取代的就是與內地抗衡的本土意識，及其後與政府抗

衡的集體回憶問題，亦反映在粵語流行歌詞之中。[27]

既然粵語流行曲是香港本土意識的表徵，已在市區行走一百多年的電車自然成為香港粵語流行曲的「主角」。由林若寧填詞、薛凱琪主唱的《叮叮車》，電車不僅成為歌曲主角，音樂錄像（music video）也以電車車廂為拍攝場景。歌詞通過電車刻劃出香港城市面貌與景況，例如「一卡卡叮叮車載滿了人和人擦過老市區」、「春風吹叮叮車你與我從頻臨拆卸老市區」。

除《叮叮車》外，以電車為題的粵語流行曲，還有由鍾晴填詞、C AllStar主唱的《我們的電車上》，馮翰銘填詞、蘇永康主唱的《尾班電車》，夏至填詞、Soler主唱的《電車站》，韋然填詞、李家仁主唱的《電車》等等。上述每首歌曲都透過旋律與電車結緣，歌詞亦帶出了城市的味道、街區的點滴及兒時與母親的日常軼事。例如《電車站》的「電車站，看這世界駛過在路線循環再短暫，總有些燦爛」;《尾班電車》的「越過崇光了，越過修頓了，情調全變了，路人漸覺稀少」;《電車》的「在昨天可愛小臉，伴母親走到站前，愛數車子的經過，等待搭叮叮去上學」。

香港文化人對電車的著迷，除了電車是香港歷史悠久的交通工具外，也因為它與社會的「親近」感覺，使人產生一種親切感。實踐大學建築系及研究所專任副教授李清志在《旅行的速度》中談及電車時，用上了「尺度」（scale）來形容電車在城市中的角色。他指出，「人性尺度」是「小巧、可愛、親切」的尺度，而路面上行走的電車配以古老城鎮，就比較接近「人性尺度」。[28]

正如李清志在《旅行的速度》中所述：

> 鐵道旅行是比較接近人性化的空間活動，在電車車廂裏，猶如在一座移動的建築中，我可以安坐在舒適的躺椅上，欣賞窗外景色的流轉，任腦海中思緒的飛翔。其實搭乘巨型噴射客機並不能真正享受速度感。搭乘鐵道列車望著窗外風景流轉，才能真正感受到旅行的速度。[29]

科技進步，使人們能以不同的速度去旅行。高速行駛，令人忽略沿途的美景。相反，電車「人性尺度」的車速，可讓人們細心欣賞車窗外周遭環境的變化。

追尋「慢活」的感覺

科技革命所帶來的感覺，使人們在速度上得到感觀的快感之餘，亦提升了生活上的「便捷」，以求達到利用最少的時間來換取最大的工作成效。當每個人都在追求功效而變得對速度要求越來越快，只講求合理性之時，凡是缺乏效率的東西都應該逐漸被淘汰。

正因速度上的「快」，使人忘卻了周遭環境與生活的美。踏入千禧年代，人們開始思考生活的速度，反璞歸真地提倡「慢活」的思維。李歐梵教授在上海發表〈現代生活應該「慢」下來〉的演講時指出，現今科技發展影響人們的生活，每個人都感到時間緊迫，加快生活節奏的速度是必然的。他以音樂中的「慢板」來解釋「慢活」:「一首交響曲如果從頭至尾快到底，聽後一定喘不過氣來，所以一般交響曲都有慢板樂章，而且每個樂章的速度也是有快有慢的，日常生活上的節奏和韻律也應該如此。」[30]

人們為了在現實中尋回日常的生活，感受時間的存在，享受生活的節奏和步伐，一些悠閒的空間便成為人們所嚮往的地方。電車行駛的節奏容易讓人們有一種輕鬆的感覺，它的速度帶著「慢活」的氣氛，悠閒地在舊區的幹道漫遊，窗前有如走馬燈一樣，觀賞著每個社區獨特的生活氛圍之餘，其節奏有如交響曲的「慢板」一樣，在急速的城市節拍中帶出另一番的韻味。那「慢悠悠」的節奏，讓人們在空間內體現時間的流逝，亦讓人們在短暫的旅程中觀察空間內外的變化。

揮之不去的感情

相比起其他集體運輸工具，電車給人們的印象是只想努力不懈地堅守崗位，既不高傲，也不自抬身價。就如魏文所說:「香港不能沒有電車，它是城市的一部分。對外國人來說，它是趣味，它是活動的文物(living heritage)。」[31]

現代人常說:「家有一老，如有一寶。」正因為電車行駛的區域，只局限於港島，所以電車在港島居民心目中無疑是他們的「一寶」，見證了不少港島居民的成長。電車發出的

「叮叮」聲就是他們日常生活的一部分，並成為他們的集體回憶。

對於來自港九、新界的電車迷來說，服務香港一百一十二年的電車，肯定是一塊不可多得的瑰寶。世界各地的鐵路迷，迷上的是火車的速度及火車頭渦輪引擎的力量。而電車迷愛上的，卻是電車「飛入尋常百姓家」的親切感。

他們就如安德森（Benedict Anderson, 1936－2015）所形容的「想像的共同體」一樣。他們來自社會不同階層，有著不同的家庭背景、生活模式，以及日常生活，他們之間可能素未謀面，但在主觀認知裏認為彼此屬於同一群體，對電車的鍾愛成為了這個群體的共融點，電車的點點滴滴成為群體內的共通語言，電車軌跡是他們成長旅途中不可或缺的部分。

結語

1904 年電車開始服務市民的時候，它是全港路面上速度最快、載客最多的交通工具；到了今天，卻是全港路面上速度最慢、載客最少的交通工具之一。這是否意味著電車應該被淘汰？香港政府於 2015 年曾公開指出，「在現行交通政策下，電車是橫跨整個港島北岸、服務班次頻密、沒有路邊廢氣排放及較廉宜的公共工具，平均每天為約十八萬人次提供服務，充分發揮其輔助功能，而這項政策並無改變」。電車在當今香港社會發揮的功能與存在的價值，可謂不言而喻了。

一百多年來，隨著人口的增加、城市的發展，電車行經的區域都出現了翻天覆地的變化。不變的是，大部分電車仍然保持著沒有空調的車廂，只裝置有基本裝飾的扶手、台階、硬座椅，以及保留開放式的車窗設計，無論是晴天還是風雨天，每天都謹守崗位，盡其所能地服務市民。

電車伴隨著香港社會共同成長，它的故事，不只是香港的故事，更是我們的故事，就如區家麟在〈電車，可能是香港唯一的共識〉中指出：

> 叮叮鈴聲引領，穿過塘西風月，走過海味街的鹹與腥；電車路軌就是昔日的海岸線，車廂裏的昏黃暗燈、被歲月磨掉了棱角的木椅，讓你細味滄海桑田，追憶香

港傳奇；電車穿梭中環，你居高臨下，看開篷跑車上的少爺仔，看急步趕路的白領麗人，看默默彎腰的擦鞋匠，看推著紙皮汽水罐的拾荒老人；銅鑼灣崇光門前，你會遇上瘋狂的過路人潮、雜亂無章的新舊建築；再往前行，可以在香港殯儀館門前思生死，到筲箕灣看市井平民搵兩餐。[32]

「看盡世事滄桑，內心安然無恙」，正是香港電車的寫照。

註釋

1 詹姆斯・特非普著，賴慈芸譯：《未來城》（台北：時報文化，1997 年），頁 132 — 133。

2 蔡榮芳：《香港人之香港史 1841－1945》（香港：牛津大學出版社，2001 年），頁 91 — 93。

3 大宅壯一：〈諜都香港之行〉，載殷楊編輯：《嚴重的香港》（上海：光華出版社，1938 年），頁 11 — 12。

4 張愛玲：《張愛玲典藏全集》（哈爾濱：哈爾濱出版社，2003 年），〈散文〉卷一，1939 — 1947 年作品，頁 24。

5 按：「山王台」即堅尼地城。

6 梅谷興正：《攻略後二於ケル香港》（香港：台灣銀行香港支店，1942 年 12 月），頁 55 — 58。

7 按：「競馬場」即跑馬地。

8 梅谷興正：《攻略後二於ケル香港》，頁 55 — 58。

9 見《華僑日報》，1944 年 6 月 4 日，〈電車纜車滄桑錄〉條。

10 同上。

11 見《香島日報》，1943 年 4 月 14 日，〈香港的清晨〉條。

12 黃淑琪：《可以居：白沙澳鄉》（香港：香港浸會大學視覺藝術院啟德研究與發展中心，2015 年），頁 236。

13 小思：《承教小記》（香港：華漢文化，2011 年），頁 54。

14 劉以鬯：〈動亂〉，載也斯編：《香港短篇小說選：六十年代》（香港：天地圖書，1988 年），頁 293 — 294。

15 見《明報・星期日生活》，2015 年 8 月 23 日，〈生活達人：電車屬於未來〉條。

16 黃自鴻：《小說空間與台灣都市文學》（台北：台灣學生書局，2015 年），頁 197。

17 同上，頁 140。

18 程中山輯注：《香港竹枝詞初編》（香港：匯智出版，2010 年），頁 79。

19 同上，頁 92。

20 張愛玲：《張愛玲典藏全集》，〈散文〉卷二，1939 — 1947 年作品，頁 2。

21 程中山輯注：《香港竹枝詞初編》，頁 172。

22 李輝英：〈港居三題〉，載黃繼持、盧瑋鑾、鄭樹森編：《香港散文選》（香港：香港中文大學人文學科研究所，1997 年），頁 91 — 92。

23 同上，頁 91 — 93。

24 同上，頁 91 — 92。

25 巴金：《旅途隨筆》（香港：南國出版社，1966 年），頁 17 — 18。

26 李碧華：《630 電車之旅》（香港：天地圖書，1997 年），頁 2 — 5。

27 香港歌詞研究小組：〈論粵語流行曲中香港本土意識的延續：以陳少琪《時代廣場》為例〉，載《立場新聞》，2015 年 12 月 13 日〔瀏覽日期：2016 年 3 月 20 日〕。

28 李清志：《旅行的速度：在快與慢之間，找尋人生忽略的風景！》（台北：大塊文化，2014 年），頁 150。

29 同上，頁 11。

30 李歐梵：〈李歐梵談人文精神：現代生活應該「慢」下來〉，載華夏經緯網：http://big5.huaxia.com/zhwh/whrw/rd/2012/11/3096968.html〔瀏覽日期：2016 年 1 月 11 日〕。

31 見《信報》，2014 年 3 月 4 日，〈法國青年掌管百年電車廠〉條。

32 區家麟：〈電車，可能是香港唯一的共識〉，載《立場新聞》，2015 年 8 月 19 日〔瀏覽日期：2016 年 1 月 1 日〕。

電車既擴展了城市範圍，亦成為了香港市民生活的一部分。

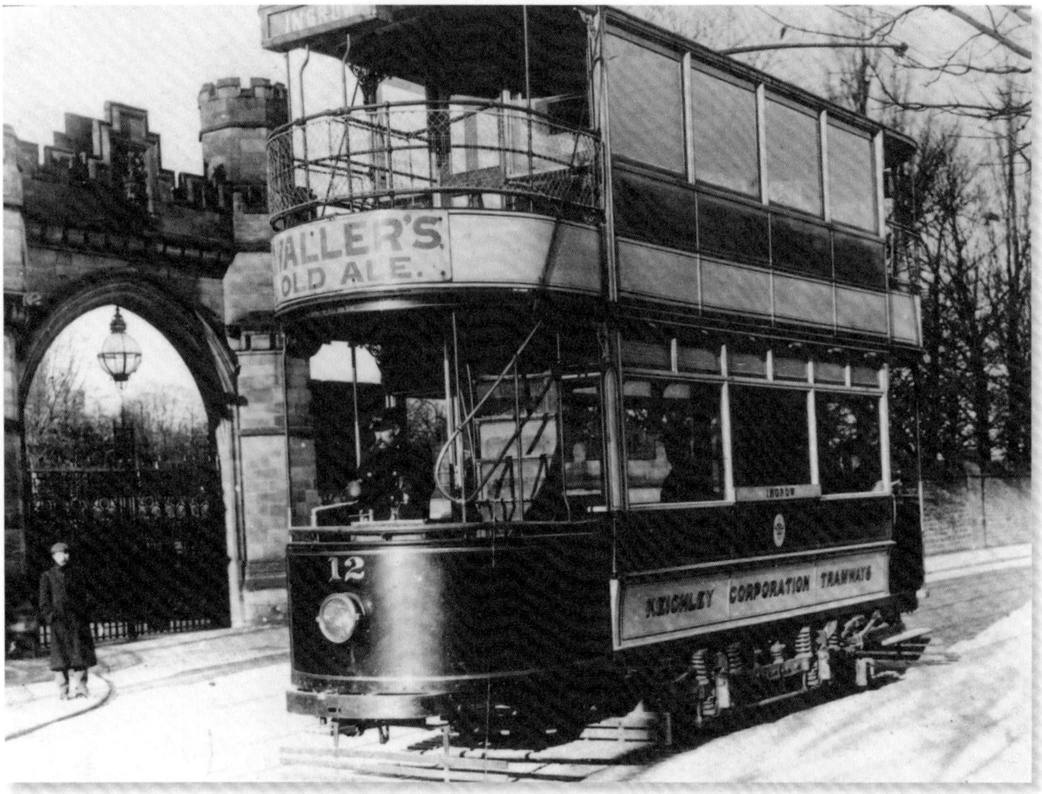

電車是殖民母體從本國帶來的「摩登」交通工具之一。圖為英國西約克郡基夫利鎮的電車。

Jan 23rd 07.
Hongkong. The Electric Tram Car.
Dear Laffin— Come up and have a decent (?) ride—10¢ every few blocks. Weather is great.
Walker wants to be remembered to Crook. Med.

CAUSEWAY BAY
銅鑼灣
FIRST CLASS

(上) 第一代電車全部為單層設計，車身以組件形式從英國運抵香港後裝嵌。

(下) 第二代電車直接在第一代電車上加建一層無上蓋的座位。

㊤ 改良自第二代電車的第三代電車，上蓋加設了帆布幕。

㊦ 第四代電車建有木製上蓋，兩旁設有帆布捲簾（後者）。第五代電車的上層已改為密封式設計（前者）。

㊤ 編號 120 的第五代電車。

㊦ 編號 121 的第六代電車（後者）及編號 126 的第七代電車（前者），兩者的車廂外觀大同小異。

㊤ 因應載客量需求，電車公司曾於 1965 至 1982 年間引入拖卡。

㊦ 電車服務經歷不同階段，為了向乘客提供優質服務而要與時並進。圖為編號 169 的千禧電車。

2016年6月6日起，首部冷氣電車試行載客。

參與1919年7月歐戰勝利日巡遊的一輛電車。

（右）1949年末，電車員工要求加薪導致勞資糾紛，支持電車員工的群眾於12月22日開始在羅素街集結，警方在工會和電車公司的辦事處外架設警戒線，當警察試圖阻止工會在開會期間使用揚聲器時，雙方曾發生衝突。

（左）日佔時期，電車公司增設女售票員和收票員。

昨晚在修頓球場附近

暴徒縱火焚燒電車 司機被刺數刀慘死

北角暴動燒車站襲擊來往車輛

防暴隊出動至今晨零時後將人羣驅散

【本報訊】左派暴徒分子「冤魂不息」，昨晚又在灣仔發生騷動，約百餘名暴徒攔截一輛向西行電車後縱火焚燒，車頭全遭燒毀，但無人受傷。

在昨晚十一時十分，一輛編號十五號電車，由北角開往堅尼地城行駛，當該電車駛抵灣仔春園街街口與莊士敦道時，突然出現約百餘名暴徒，在電車軌上攔截該電車，司機下車後竟被暴徒用利器刺了幾下，身受重傷，（在送入醫院途中斃命），而車上搭客及售票員亦幸能及時離開。左派暴徒即向該電車之司機位處投擲電油，縱火焚燒，火勢非常猛烈，附近舖店見狀，即電報警，消防員到場後進行灌救，約十分鐘後才將火勢撲滅，防暴隊亦趕至現場佈防，左派暴徒見防暴隊到場才向各處逃去。

新聞處昨午夜十一時五十八分消息：剛接得報告，說一名電車司機，在莊士敦道近修頓球場處，被刺數下，在送往瑪麗醫院途中已不治斃命。

警方曾在灣仔區施放催淚彈，以驅散暴眾。今晨一時，左派暴徒又在灣仔莊士敦道近修頓球場處放火堆，火堆以修路的危險告示牌作爲燃料，在路中心燃放，約十五分鐘後被消防員撲滅，暴徒在警方到場前逃去。

但至今晨一時許，人羣又再在灣仔區結集鬧事，並到處縱火，直至二時左右尚未平息。

【本報訊】北角「華豐國貨公司」對開一段英皇道，昨晚又被左派暴徒搗亂，電車總站的茶水部被縱火焚燒，暴徒又以石塊及瓶庄鏹水轟擊防暴隊、電車、及巴士。

暴徒一如前夕採用「游擊戰」，防暴隊接報到場時，他們分頭竄逃，但防暴隊離去時，他們又再結集。防暴隊昨晚仍然使用催淚彈對付暴徒，至今晨零時卅分，局面始逐漸接受控制。

左派暴徒的活動時間，開始於深夜十一時，首先，他們襲擊經過英皇道的巴士和電車。一輛巴士被暴徒用瓶庄鏹水擲破玻璃，一售票員雙手被鏹水淋傷。傷者名陳達新，廿七歲，當時該巴士剛是收工回廠，車廂內沒有乘客，否則，可能有更多人受傷。

暴徒於十一時再次許

英皇道出現幾個火堆

若干商店窗櫥[illegible]擊毀

今晨零時四十四分，新聞處消息：一羣暴徒今晨零時許在北角區近英皇道處，擊毀一些店舖的櫥窗，並張貼大字報，警方曾施用催淚彈以驅散該羣人羣。一輛懸掛空氣喉的拖車，于今晨零時廿分，在英皇道近北角道處，

深夜青山道一人被刺斃

【本報訊】一名男子昨晚途經青山道與永隆街附近時，遭數名大漢襲擊，混亂中被人持利刀刺至重傷，後因傷重不治斃命。

在昨晚十一時三十分，他獨自途經青山道與永隆街附近時，突出現數名大漢，向其圍毆，因寡不敵眾，混亂中被人持利刀刺傷身體多處，他仍扶傷衝出重圍，沿青山道向南逃走，但走至青山道二〇八號鎮南大茶樓門前時，流血過多，不支暈倒，附近街坊見狀，即電報警，將他轉送醫院，但因傷過重，送院途中已不治斃命。

1967年7月11日的《工商日報》，詳細報導了一輛電車遇襲。

㊤ 電車是香港的標記，從這張 **1960** 年代印刷的明信片，清楚可見電車的代表性。

㊦ 電車陪伴著香港成長，見證了香港的發展軌跡。

行駛於港島北岸的電車，已是香港的代言物。

(上)電車行駛的車速比較接近「人性尺度」，可讓人細心欣賞車窗外周遭環境的變化。

(下)電車行駛的節奏，有如交響曲的「慢板」一樣，在急速的城市節拍中帶出另一番的韻味。

01

Electric Car.

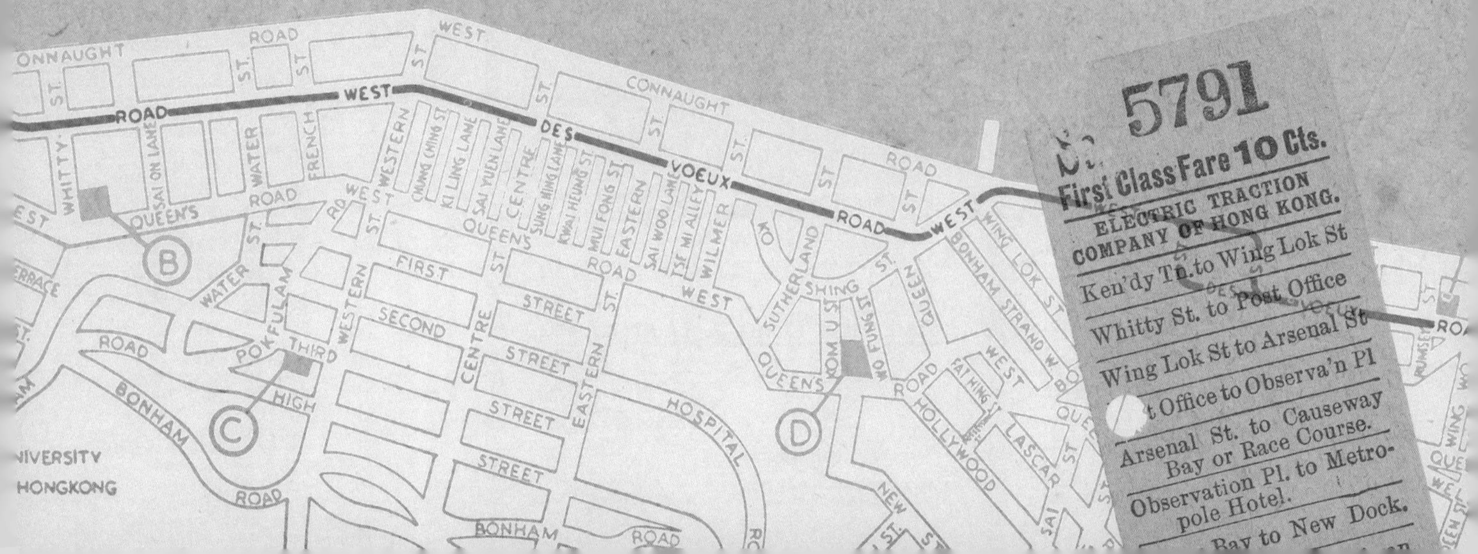
5791
First Class Fare 10 Cts.
ELECTRIC TRACTION COMPANY OF HONG KONG.
Ken'dy Tn. to Wing Lok St
Whitty St. to Post Office
Wing Lok St to Arsenal St
Post Office to Observa'n Pl
Arsenal St. to Causeway Bay or Race Course.
Observation Pl. to Metropole Hotel.
Bay to New Dock.
CONNAUGHT ROAD WEST
DES VOEUX ROAD WEST
QUEENS ROAD WEST
FIRST STREET
SECOND STREET
THIRD STREET
HIGH STREET
BONHAM ROAD
POKFULAM ROAD
HOSPITAL ROAD
UNIVERSITY HONGKONG
B
C
D

HONGKONG TRAMWAYS LTD.

洗盡鉛華

現在，電車依循它的老軌跡，繼續搖搖晃晃地前進。它經過消失了的舊郵政局，經過消防局的舊址，經過關了門的中環街市、整過容的萬宜大廈，正在向上環和西環的舊區駛去，在那兒，你還可以看到一些唐樓：那些高四五層，樓下是店鋪樓上是住家的舊樓，仍然帶著戰前上海與廣州的風俗，宣示了它與過去的聯繫。

也斯〈電車的旅程〉

電車從堅尼地城總站出發，途經西營盤、石塘咀、上環。這一帶早期是華人商住區。開埠初期，香港政府認為堅尼地城位處偏僻，所以在此設置殮房、焚化爐、傳染病醫院等厭惡性設施。1850 年代太平天國運動爆發，大量華南地區難民湧入香港，西營盤由是開發成為華人居住區。上環的文咸東西街毗鄰三角碼頭，故不少華商在此經營南北行，到 1881 年已多達三百九十五家。因為旅店酒家、娛樂場所林立，石塘咀便成為華商談買賣、尋開心的地方，「塘西風月」的稱譽由是不脛而走。

電車的出現，便利了區內居民，同時使這一帶的經濟有長足的發展。但經歷時代變遷，這一帶可謂洗盡鉛華，從昔日的燈紅酒綠而歸於今日的寂靜平淡，在在散發出一種古老情懷。

廣東大酒店
Kwong Tung Hotel: Shek Tong Tsui. Hongkong.

1903年，石塘咀填海工程完成。翌年，總督彌敦下令所有妓寨一律遷往石塘咀，情色事業使該區興旺起來。圖為位於廣東大酒店前的石塘咀電車總站。

電車見證社會變遷，石塘咀電車總站後方的廣東大酒店已改名為陶園酒麼。

為慶祝英皇喬治五世登基銀禧紀念，一輛電車張燈結綵化身為花車。

三輛電車駛經德輔道西，石塘咀電車總站隱約可見。

㊤ 1970 年代以前電車公司使用的徽號（一）。

㊦ 1970 年代以前電車公司使用的徽號（二）。

今天堅彌地城海傍的電車線。

一輛電車從德輔道西轉往德輔道中，前端遠處當時仍是海岸。

行走於海傍的電車，是市民日常接觸到的交通工具。圖為干諾道中。

(上)1950年代電車的上層車廂。

(下)1950年代電車的下層車廂。

第一代的電車停在某個海傍。圖中可見貨倉和簡陋的碼頭。

只生產了十輛的第一代頭等電車，每輛可載客三十人。

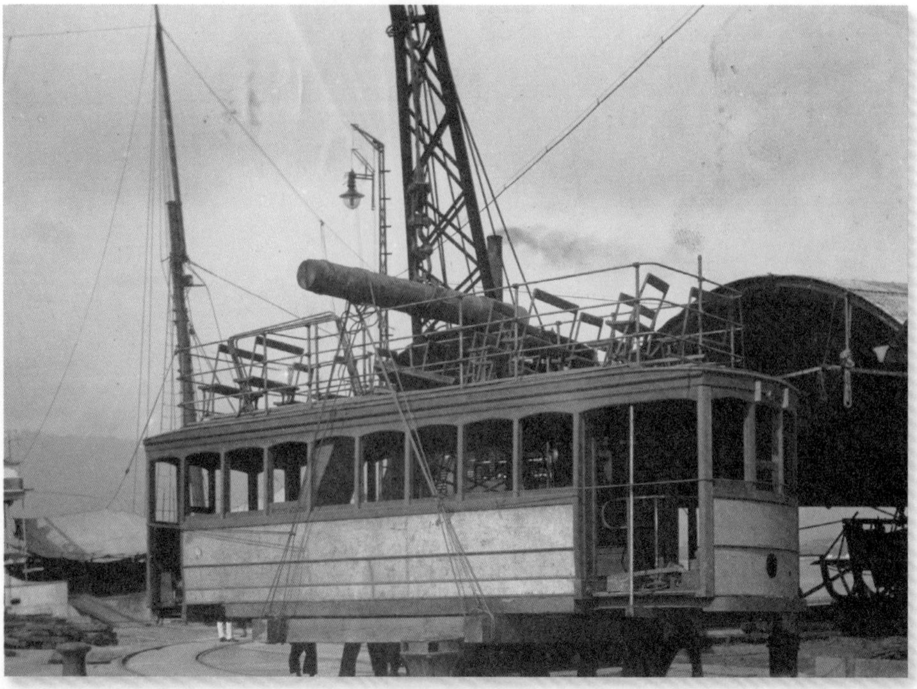

㊤ 第二代電車運送到香港後，用起重機吊至路軌上。

㊦ 從英國運來的第二代電車，用船隻從九龍半島運往港島。

㊤1920年代，一輛電車駛經倉庫林立的西環海傍。

㊦電車投入服務後，漸漸取代傳統的以人力推動的交通工具。圖為干諾道西。

㊤ 開埠初期，上環即發展為華人商住區。圖為1920年代末華人商舖林立的上環。

㊦ 1918年，以第二代電車為藍本改良的第三代電車，其上層已加有帆布幕。

㊤ 華人商舖林立的上環海傍。早期華商在這裏興建倉棧，從事轉口貿易行業。圖右下角誤寫為「干諾道」，應是「德輔道」。

㊦ 1960年代，電車的「便捷」漸被巴士取代，但價廉的車資令電車仍受普羅大眾所歡迎。

㊨ 電車稽查員扣章。

㊧ 電車總稽查員肩章及扣章。

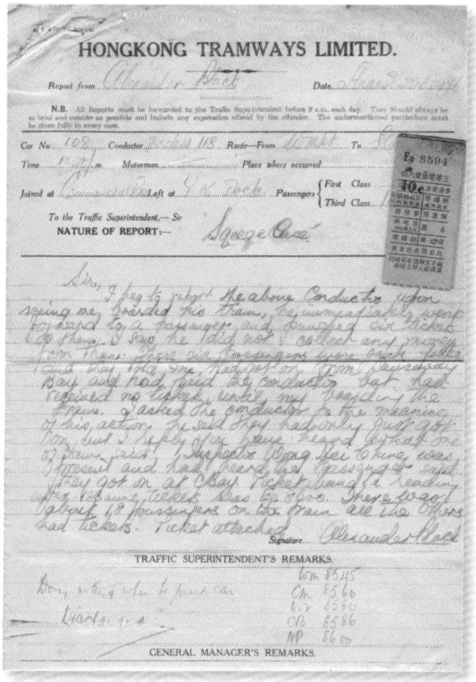

HONGKONG TRAMWAYS LIMITED.

Report from ____ Date ____

N.B. All Reports must be forwarded to the Traffic Superintendent before 9 a.m. each day. They Should always be as brief and concise as possible and include any expanation offered by the offender. The undermentioned particulars must be given fully in every case.

Car No. ____ Conductor ____ Route—From ____ To ____

Time ____ m. Motorman ____ Place where occurred ____

Joined at ____ Left at ____ Passengers { First Class ____ Third Class ____

To the Traffic Superintendent,— Sir

NATURE OF REPORT:—

Signature ____

TRAFFIC SUPERINTENDENT'S REMARKS.

GENERAL MANAGER'S REMARKS.

㊨ 由電車公司稽查員書寫的《稽查報告》(*Inspector's Report*)。

㊧ **1967** 年的電車公司員工守則。

一輛電車駛經上環街市北座大樓（即今天西港城）。圖中清楚看見建築物正面的塔斯卡尼柱式。

㊤第五代電車的上層車廂。

㊦現今的電車上層車廂已改用塑膠椅。

編號 22 的電車。

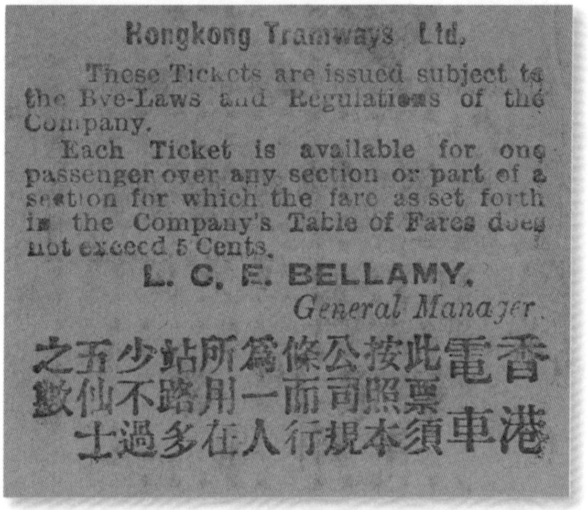

Hongkong Tramways Ltd.

These Tickets are issued subject to the Bye-Laws and Regulations of the Company.

Each Ticket is available for one passenger over any section or part of a section for which the fare as set forth in the Company's Table of Fares does not exceed 5 Cents.

L. C. F. BELLAMY,
General Manager.

香港電車此票須按照本公司規條而行為一人所用在站路多少不過五仙士之數

(上) 1936 年編號「Cs05797」的電車車票。

(下) 車票背面列明「此票須按照本公司規條而行，為一人所用，在站路多少，不過五仙士之數」。

1936年編號「HH02736」的電車車票。

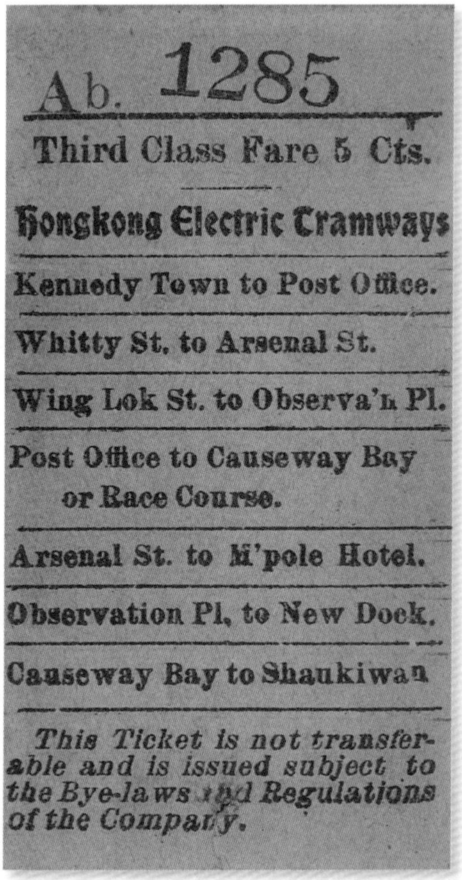

Ab. 1285

Third Class Fare 5 Cts.

Hongkong Electric Tramways

Kennedy Town to Post Office.

Whitty St. to Arsenal St.

Wing Lok St. to Observa'n Pl.

Post Office to Causeway Bay or Race Course.

Arsenal St. to M'pole Hotel.

Observation Pl. to New Dock.

Causeway Bay to Shaukiwan

This Ticket is not transferable and is issued subject to the Bye-laws and Regulations of the Company.

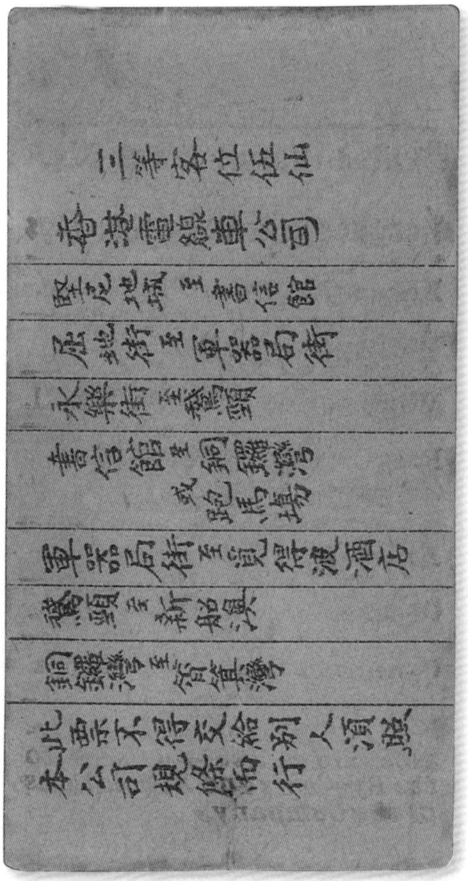

三等客位伍仙

香港電線車公司

堅尼地城至書信館

屈地街至軍器局街

永樂街至鵞頸

書信館至銅鑼灣或跑馬場

軍器局街至宜見得渡酒店

鵞頸至新船澳

銅鑼灣至筲箕灣

此票不得交給別人須照本公司規條而行

㊨ 車票背面列明「此票不得交給別人，須照本公司規條而行」。

㊧ 1902年編號「Ab 1285」的電車車票。當時三等車資是五仙士。

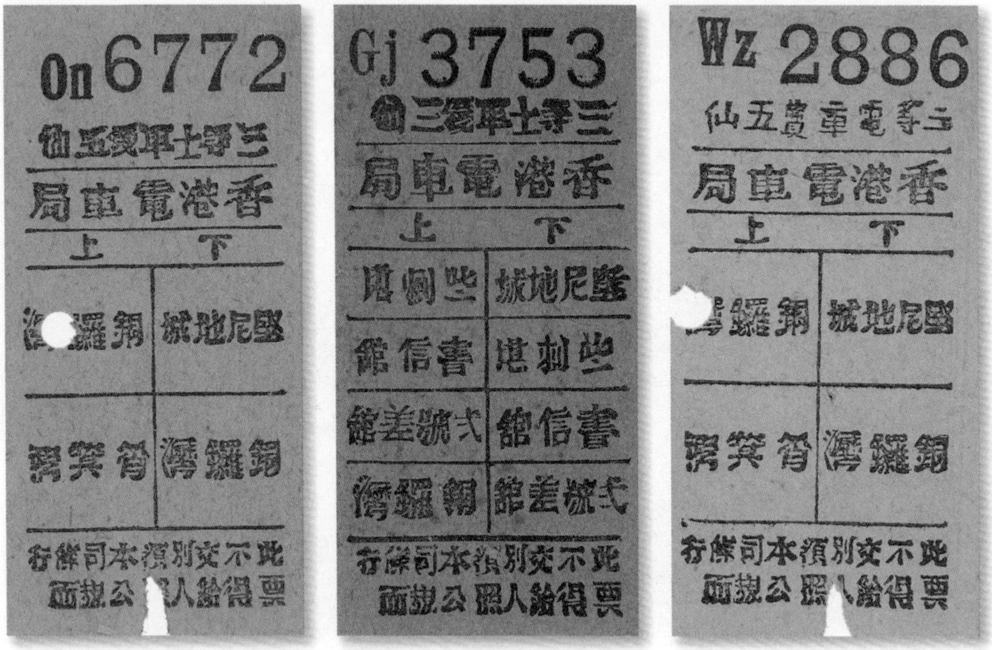

早期香港電車以「香港電車局」的名稱運作。票面上印有「上」及「下」分別代表上行和下行方向。

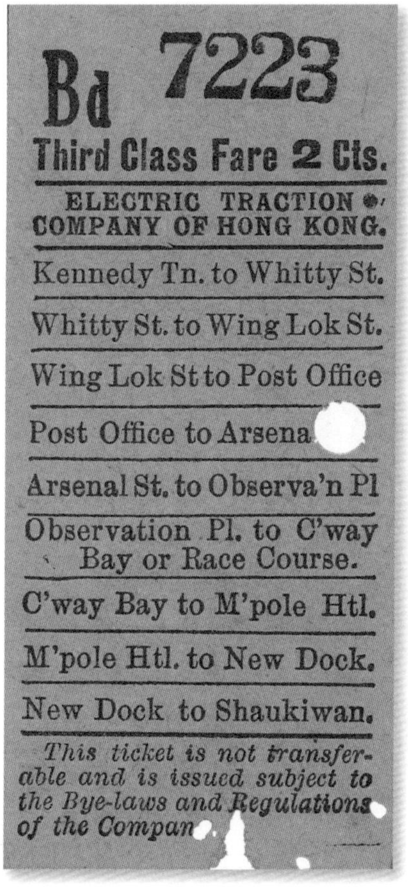
Bd 7223
Third Class Fare 2 Cts.
ELECTRIC TRACTION COMPANY OF HONG KONG.
Kennedy Tn. to Whitty St.
Whitty St. to Wing Lok St.
Wing Lok St to Post Office
Post Office to Arsena
Arsenal St. to Observa'n Pl
Observation Pl. to C'way Bay or Race Course.
C'way Bay to M'pole Htl.
M'pole Htl. to New Dock.
New Dock to Shaukiwan.
This ticket is not transferable and is issued subject to the Bye-laws and Regulations of the Compan

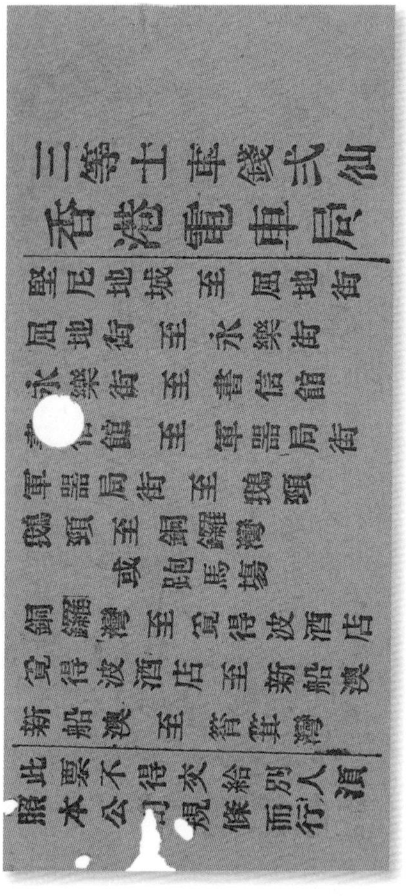
三等士車錢弍仙
香港電車局
堅尼地城至屈地街
屈地街至永樂街
永樂街至書信館
書信館至軍器局街
軍器局街至鵝頸
鵝頸至銅鑼灣
或跑馬場
銅鑼灣至寬得波酒店
寬得波酒店至新船澳
新船澳至筲箕灣
此票不得交給別人須照本公司規條而行

(右) 圖為中文票面。

(左) 編號「Bd7223」的三等電車車票。圖為英文票面。對照下，「鵝頸」翻譯為 Observation Point。

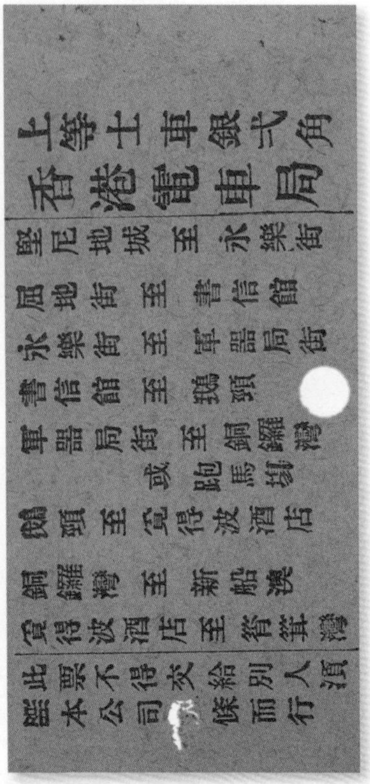

㊨ 車票背面列明「此票不得交給別人，須照本公司規條而行」。

㊧ 編號「Sa5791」的頭等電車車票。當時電車公司的英文名稱是 Electric Trac-tion Com-pany of Hong Kong。

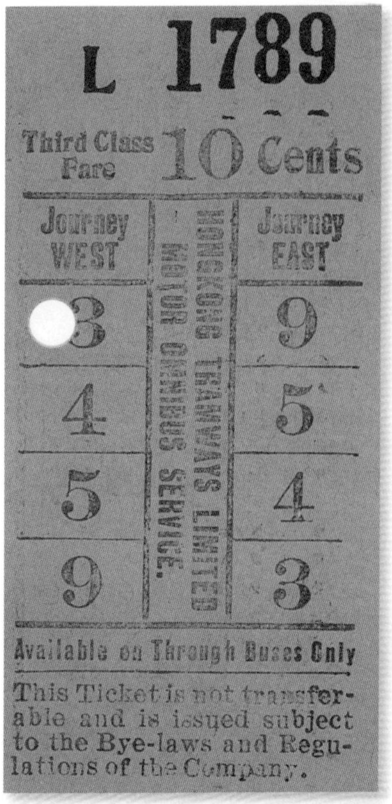

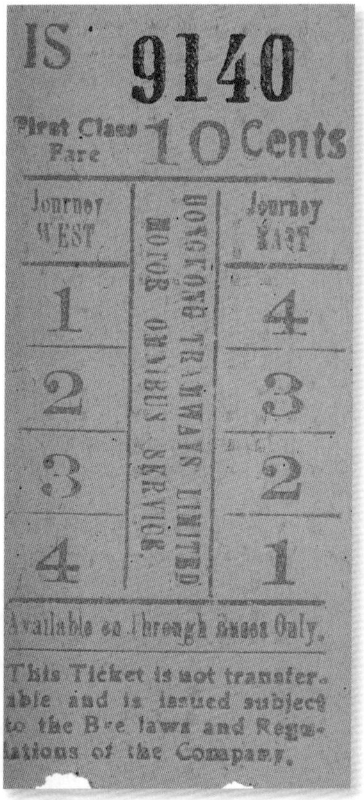

(右)

1929年電車公司所經營的港島巴士編號「IS9140」的頭等車票。票上印有Hong-kong Tramways Limited Motor Omni-bus Service字樣。

(左)

1929年電車公司所經營的港島巴士編號「L1789」的三等車票。當中只列出「東行」和「西行」，以及站數，而沒有車站名稱。

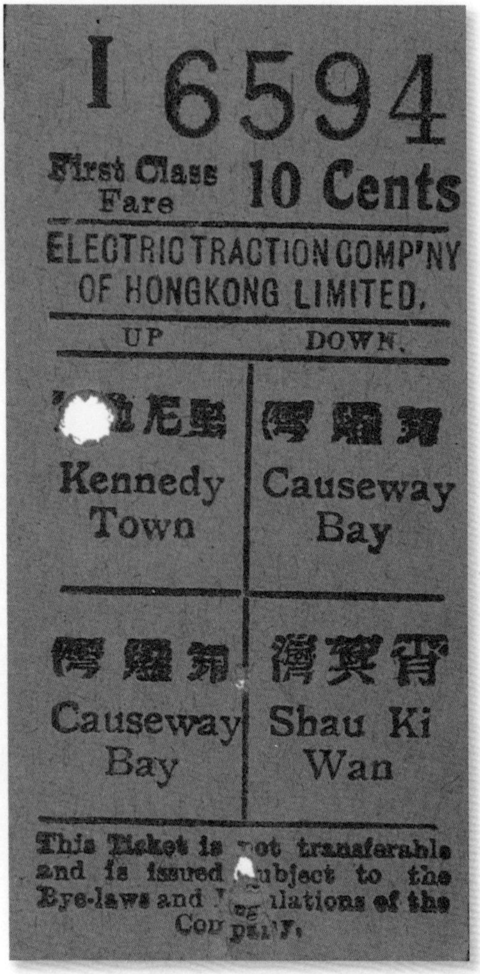

只列有四個車站中英文名稱的編號「I6594」的頭等電車車票。

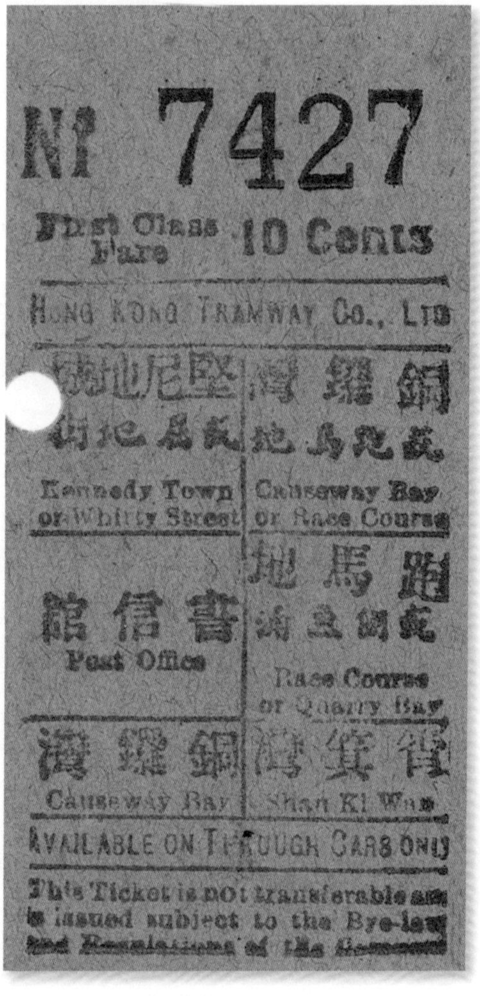
Nº 7427
First Class Fare
10 Cents
HONG KONG TRAMWAY CO., LTD
堅尼地城
或屈地街
Kennedy Town or Whitty Street
銅鑼灣
或跑馬地
Causeway Bay or Race Course
書信館
Post Office
跑馬地
或鰂魚涌
Race Course or Quarry Bay
銅鑼灣
Causeway Bay
筲箕灣
Shau Ki Wan
AVAILABLE ON THROUGH CARS ONLY
This Ticket is not transferable
is issued subject to the Bye-law

「編號Ni7427」的頭等電車車票。當時稱呼郵政局為「書信館」。

02

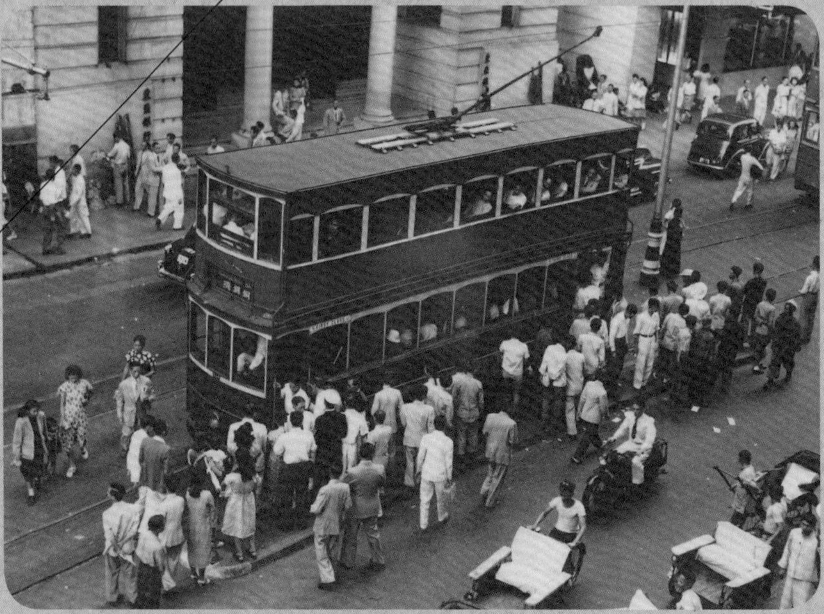

5791
First Class Fare 10 Cts.
ELECTRIC TRACTION COMPANY OF HONG KONG.
Ken'dy Tn. to Wing Lok St
Whitty St. to Post Office
Wing Lok St to Arsenal St
t Office to Observa'n Pl
Arsenal St. to Causeway Bay or Race Course.
Observation Pl. to Metropole Hotel.
CONNAUGHT ROAD WEST
DES VOEUX ROAD WEST
QUEEN'S ROAD WEST
FIRST STREET
SECOND STREET
THIRD STREET
HIGH STREET
BONHAM ROAD
POKFULAM ROAD
HOSPITAL
HOLLYWOOD ROAD
UNIVERSITY
HONGKONG

HONGKONG TRAMWAYS LTD

車水馬龍

「雙喜樓」的招牌折去，剩下三個大窟窿。半世紀歷史，以腸粉、蒸魚馳名。而「雙喜」、「蓮香」、「多男」⋯⋯等等，都不在了。他們愛自稱「水滾茶靚」。附近還有家「龍門」。悽迷的「時代廣場」大鐘。但願時間停頓，明天不來。

李碧華《630電車之旅》

電車從上環西港城繼續往東前進，途經中環、金鐘、灣仔、銅鑼灣和跑馬地。開埠初期，香港政府以今天的中環及部分上環地段營建「維多利亞城」，作為為殖民地的政治、軍事與商業中心。總督府、中央警署、中央裁判司署等重要機關，太古洋行、渣甸洋行等英資商行，皆坐落「維多利亞城」。金鐘就成為英國海軍基地，其英文名稱 Admiralty 就是海軍總部的意思。饒有趣味的是，毗鄰「維多利亞城」的灣仔、銅鑼灣和跑馬地，當時只是人煙稀少的小村落，形成了強烈的對比。

電車在繁盛的商業區行駛，不只展現出香港與當時世界盛行的集體運輸系統接軌，更引領香港走進時代尖端。今天，這一帶仍然是車如流水馬如龍，是不少政府機關及中外企業總部所在地。國際金融中心等摩天大樓、終審法院等官方機關、時代廣場等購物商場，可謂櫛比鱗次。

一輛前往北角的電車從干諾道中駛進急庇利街。

Des 'Veoux Road, Hongkong.
廣三記棧

1910年代的德輔道。圖左樓高四層的唐樓，即今天金龍中心。

第一代電車近照。圖為永和街口（德輔道中近先施公司）。

數輛電車穿梭於繁忙的德輔道，與兩旁的旗海相映成趣。

The Electric Car of Central Market, Hongkong

一輛單層電車駛至中環街市前方。1895年竣工的中環街市是香港早期街市之一。

喜慶節日期間，多輛電車形成了車龍。首輛電車的牌布顯示的英文地點是 Happy Valley，而中文名稱是愉園。

1911年，港督盧吉與官員乘搭精心佈置的電車，參與慶祝英皇喬治五世加冕紀念活動。

日佔時期電車是港島主要的陸上交通工具。圖中可見中央市場外的電車站。

日本警備隊與印裔警員巡邏至中昭和通（即德輔道中）。背景的電車前端插了兩面日本國旗。

兩輛電車駛經繁忙的德輔道。圖右的中環消防局於 1980 年重建成為恒生銀行集團總部。

電車路既是昔日的海岸線，亦是港島的標記。

電車站一景，可見電車站設計是採用交通燈箱形式。當時持有學童優惠證的學生，可以半價乘搭頭等車廂。

位於畢打街與德輔道中交界、具英國文藝復興時期建築風格的第三代香港郵政總局。圖左方可見行駛於港島北岸主要幹道的一輛電車。

從中央郵局眺望德輔道中，可見到早期的主要交通工具：人力車和電車。

日佔時期的明信片。右下方表述該處是官廳商社街的昭和通（即德輔道中）之外，亦列明了該明信片是官方認可，因此印有「檢閱濟」。

電車是不少香港市民生活的一部分，它往往在市民身旁擦身而過。

1930年代的德輔道中。圖右的建築物是亞歷山大行。該大廈落成期間曾被《南華早報》形容為「富有最嚴謹文藝復興風格的新建築物」。

香港市街の一部
皇軍の香港攻落に際しては市街の破損も其の一少部分に過ぎなかつた。中國避難民も續々復歸し、軍政下に着々大東亞共榮圈確立に協力、邁進しつゝあるのも賴しい。

右

戰前的影像在香港淪陷期間被用作政治宣傳。圖下加上了「香港市街之一部」的標題，內容註釋：「當皇軍在香港淪陷時給街道損毀只是一少部分。逃難的難民陸續歸鄉，在軍政的統治下，漸漸穩步地協助確立大東亞共榮圈，以助鞏固皇軍在香港勢力。」

左

1930年代的德輔道中。圖右的建築物是於仁行大廈。該大廈是於仁保險公司在香港的主要物業。

1950年代德輔道中與畢打街交匯處，可見多輛電車穿梭其中。當時的電車站並非如現今般設置在馬路中央，而是設在路傍。

日佔時期的昭和通（即德輔道中）。背後的建築物是東亞銀行，懸掛日本國旗的是皇室行。當時電車的牌布只顯示中文名稱，原有的英文名稱已被塗黑。

1948年，位於德輔道中東亞銀行門前的電車站，毗鄰是皇室行。

135 Des Voeux Road & Tram Cars, Hongkong.

德輔道中是香港傳統商業核心地段。除了商業建築物外，圖左的文藝復興式建築物是香港第一代大會堂，圖右可清楚看到最高法院的愛奧尼亞式圓柱。

電車原是沿著維多利亞港海傍行駛，但隨著海岸線因填海而變遷，只好在高樓大廈之間穿梭。圖左建築物是第三代滙豐銀行大廈，圖右是皇后像廣場。

第一代電車駛經德輔道。圖左建築物是香港第一代大會堂，遠處可看到興建中的最高法院。

一隊巡遊隊伍巧遇一輛駛經皇后大道中的第三代電車。

1930年代的明信片。除記錄了電車首次出現車身廣告外，亦間接反映出早期明信片不足之處，將香港會誤認為是香港賽馬會。此外，亦將Hongkong Jockey Club誤寫成Hongkong Jokey Clab。

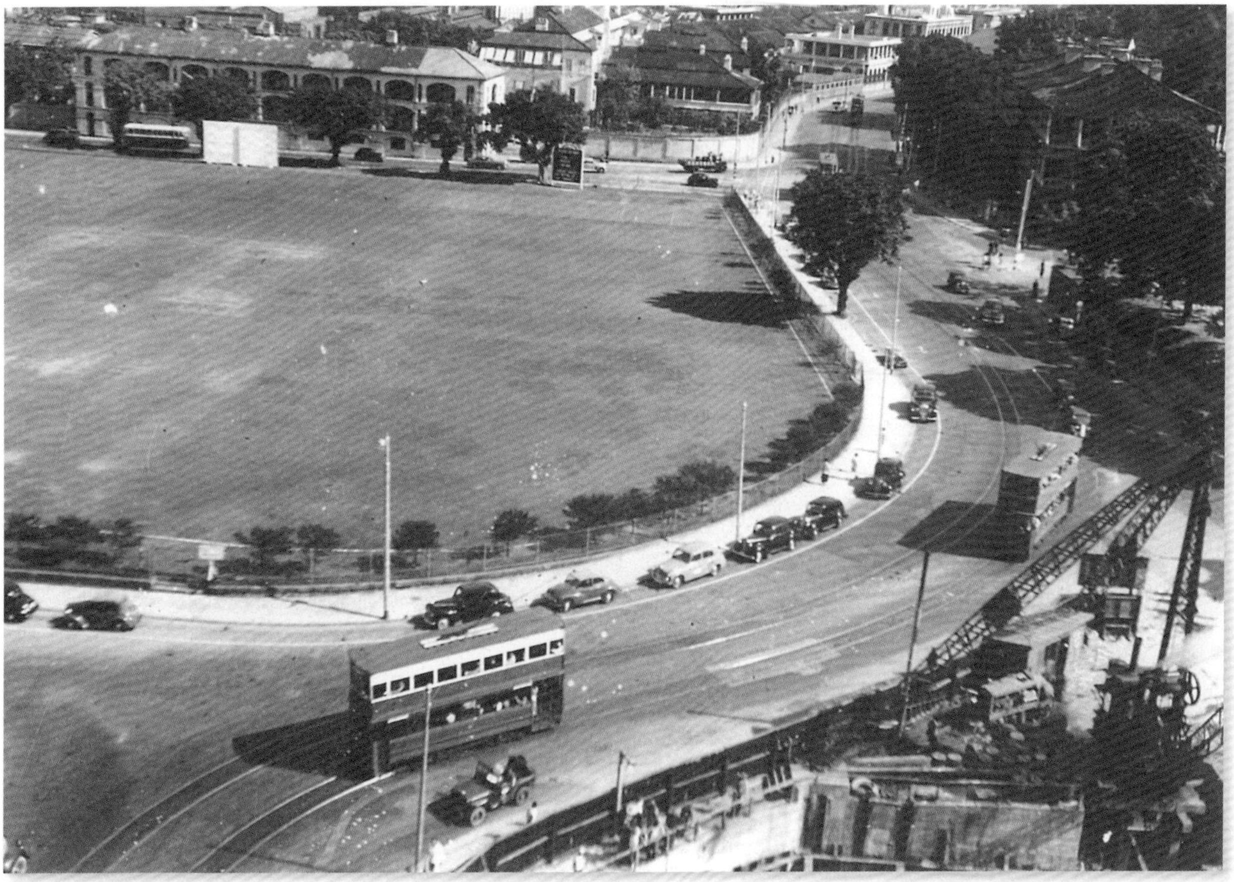

1948年的皇后大道中（該段皇后大道中於1967年改名為金鐘道），可見兩輛西行電車從皇后大道中轉入德輔道中。圖左是香港木球會球場，圖右下角可見第一代香港大會堂已經拆卸，正準備興建中國銀行大廈。

前往愉園（即跑馬地）的電車在皇后大道中逆線行駛。

途經德輔道中前往屈地街的一輛電車，前方可隱約看到舊香港大會堂東翼。

No. 111.
Murray Road, Hongkong.

1920年代的美利道，給人一種悠閒的感覺之餘，亦讓電車乘客得以欣賞窗外景色的流轉。

少女背著擔挑在灣仔街上行走，途經的電車成為亮麗的背景。

一輛拖著拖卡的電車駛經金鐘道。背景遠方是康樂大廈（現稱怡和大廈），這是本港首幢摩天大樓，是1970年代的香港地標。

兩輛電車駛經軒尼詩道與皇后大道東交匯處。此圖是從海軍船塢內向外拍攝。

一輛電車駛經灣仔海傍（莊士敦道）。

位於灣仔的電車龍。

莊士敦道與軒尼詩道交匯處。背景後的中華循道公會香港堂曾是灣仔地標之一，1994年拆卸後重建為一座樓高二十二層的建築物。

1970年代的莊士敦道，可見電車是路面上的主要公共交通工具。圖中修頓遊樂場是昔日灣仔的主要地標。

近柯布連道的一段莊士敦道。除圖右馮良記錶行所處的建築物仍然屹立於該路段外，圖中其餘建築物已拆卸重建。

1960 年代的莊士敦道。圖中的龍鳳大茶樓，曾與鄰近的龍圖大酒樓及龍團酒樓，合稱「三龍」。

一輛電車駛經莊士敦道與軒尼詩道交匯處。圖右可見一名交通警員正在指揮交通。

HENNESSY ROAD, HONG KONG.
CALTEX

1950年代的灣仔，可見多輛西行電車從軒尼詩道轉往莊士敦道。

1950 年代軒尼詩道與堅拿道交匯處。圖左可見英男大茶樓招牌，圖右可見大三元酒家招牌。

1930 年代的跑馬地，可見一輛電車正駛經黃泥涌道。圖右白色鐘樓於 1929 年落成。

跑馬地電車總站的電車大排長龍。

1920年代的跑馬地電車總站。背景的Dragon Motor Car Co. Limited 成立於1921年，並於1956年結業。

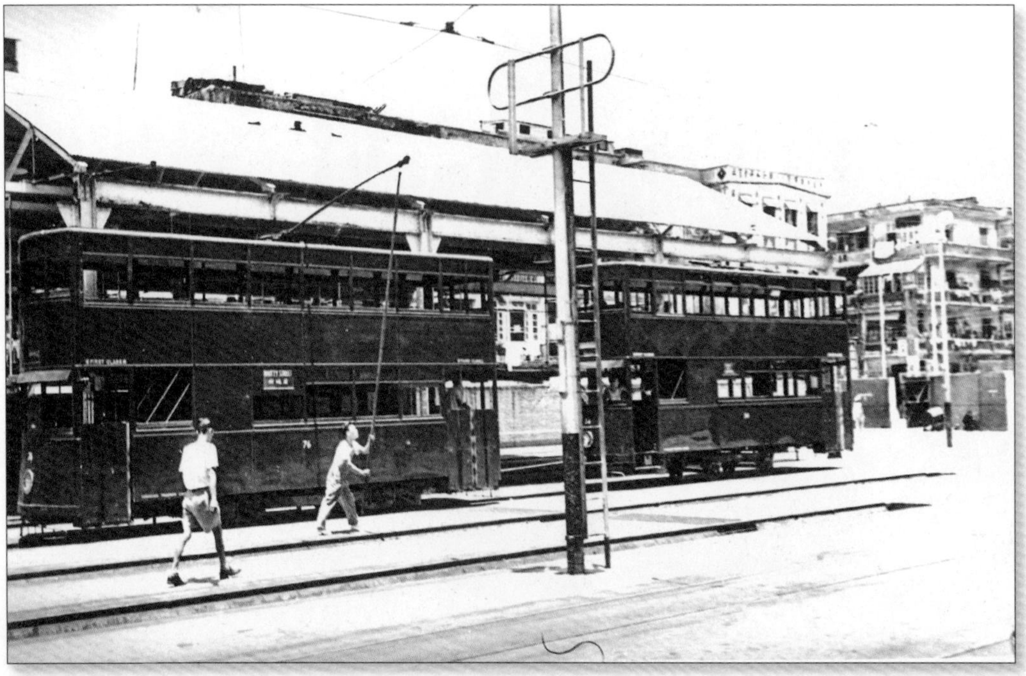

一組六幅的銅鑼灣羅素街電車廠照片，該地段已發展成為時代廣場。

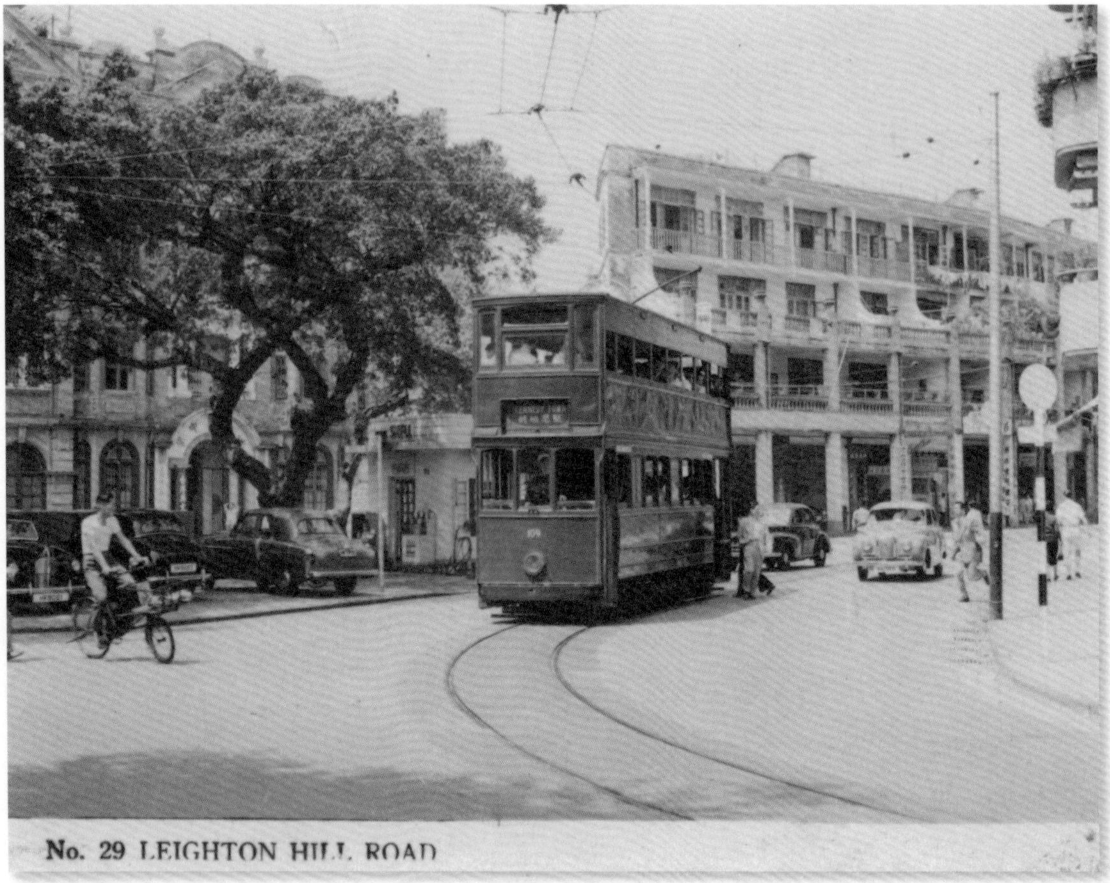
No. 29 LEIGHTON HILL ROAD

一輛途經跑馬地的電車。圖下方誤植為「禮頓山道」。

kong.
c Tram
sing
ington
bridge.
Bonne Santées
à toute la famille
INDOCHINE FRANÇAISE

1906年的明信片，可見一輛電車駛至寶靈渠上的橋樑。寶靈渠是1850年代末建成的一條運河，流經跑馬地及銅鑼灣一帶，即現今堅拿道。

1920 年代堅拿道東（俗稱「鵝頸橋」）。橋樑下方的鐵路是因應銅鑼灣填海工程而興建的。

銅鑼灣軒尼詩道。圖右原為利園山，1970年代末，利氏家族決定於該處興建興利中心而將之劏平。該大廈於1981年落成，至2006年10月拆卸。

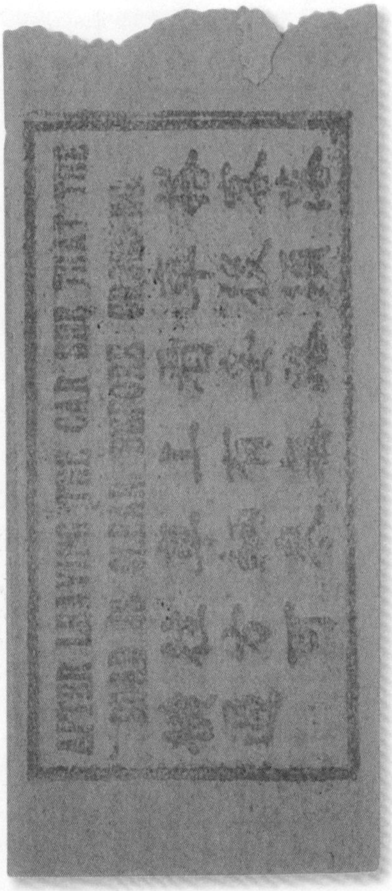

右 票面背面印有中英文標語：「搭客落車後須看路上有無車輛來往方可橫過。」

左 日佔時期編號「1c4356」的三等電車車票。票面上蓋了「電氣廠」印章，「電氣廠」即「北角發電廠」(即現今電氣道)。

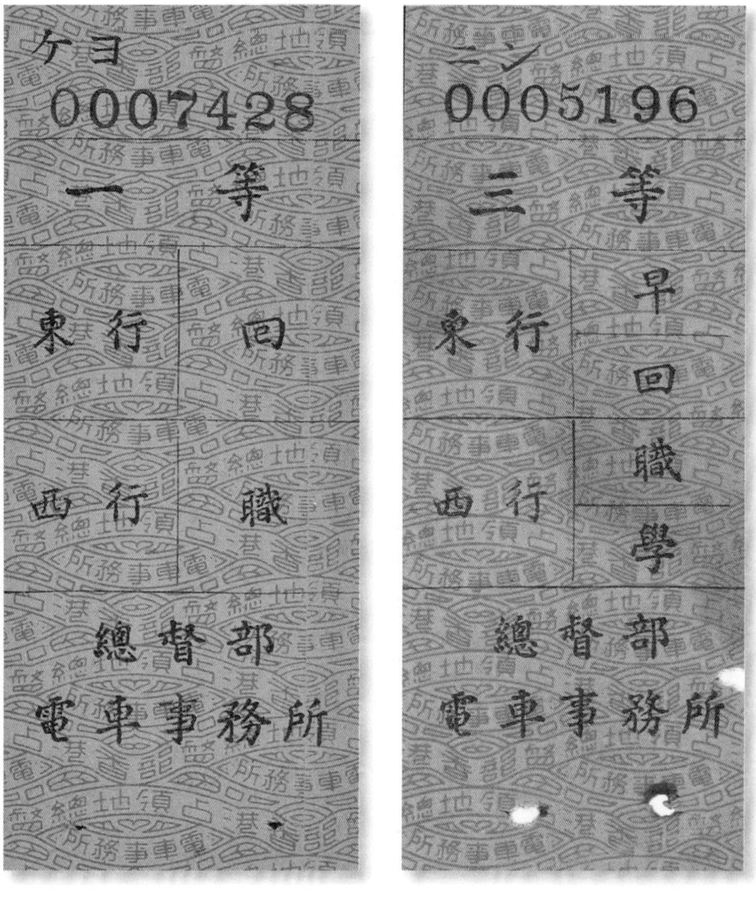

日佔時期，由總督部電車事務所發行的一等和三等電車車券。

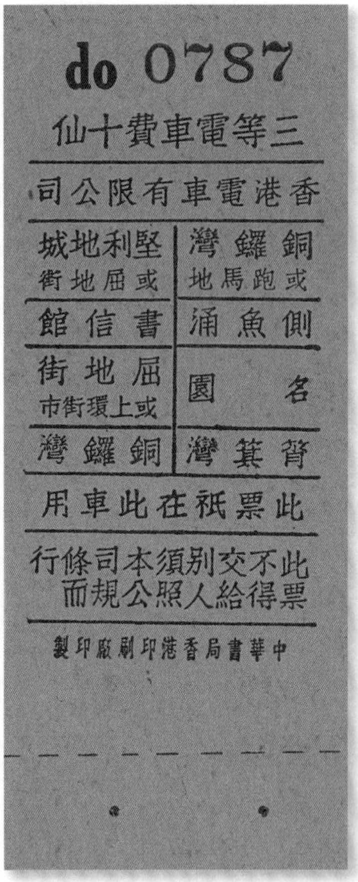
do 0787
三等電車費十仙
香港電車有限公司
堅利地城
或屈地街
銅鑼灣
或跑馬地
書信館
側魚涌
屈地街
或上環街市
名園
銅鑼灣
筲箕灣
此票祇在此車用
此票不得交給別人須照本公司規條而行
中華書局香港印刷廠印製

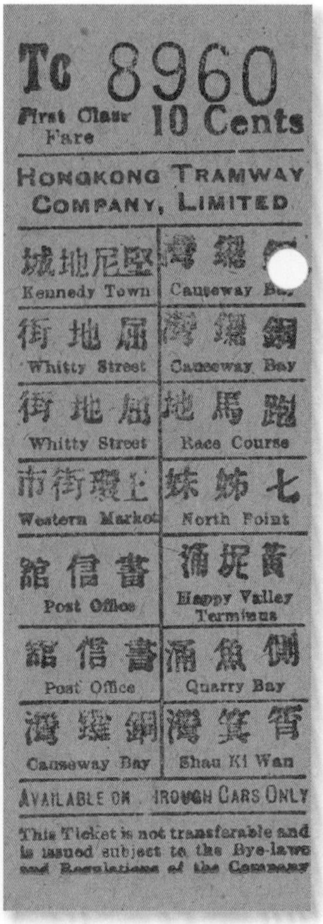
Tc 8960
First Class Fare
10 Cents
HONGKONG TRAMWAY COMPANY, LIMITED
堅尼地城
Kennedy Town
Causeway Bay
屈地街
Whitty Street
銅鑼灣
Causeway Bay
屈地街
Whitty Street
跑馬地
Race Course
上環街市
Western Market
七姊妹
North Point
書信館
Post Office
黃泥涌
Happy Valley Terminus
書信館
Post Office
側魚涌
Quarry Bay
銅鑼灣
Causeway Bay
筲箕灣
Shau Ki Wan
AVAILABLE ON THROUGH CARS ONLY
This Ticket is not transferable and is issued subject to the Bye-laws and Regulations of the Company

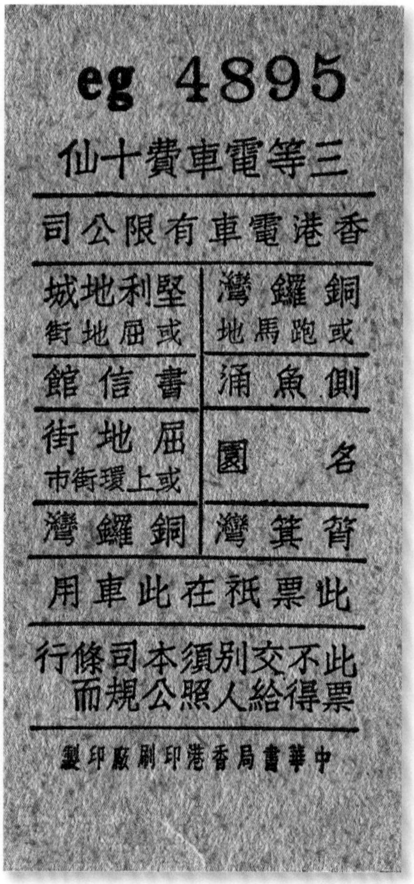
eg 4895
三等電車費十仙
香港電車有限公司
堅利地城
或屈地街
銅鑼灣
或跑馬地
書信館
側魚涌
屈地街
或上環街市
名園
銅鑼灣
筲箕灣
此票祇在此車用
此票不得交給別人須照本公司規條而行
中華書局香港印刷廠印製

(右)
編號「eg4895」的三等電車車票。票上的名園車站是指北角最早的綜合遊樂場名園。當年電車是直接駛至其位於英皇道的入口。

(中)
編號「Tc8960」的頭等電車車票。車站的中英文名字時有改動，當中 Happy Valley Terminus 是黃泥涌。

(左)
編號「do0787」的由中華書局香港印刷廠印製的三等電車車票。

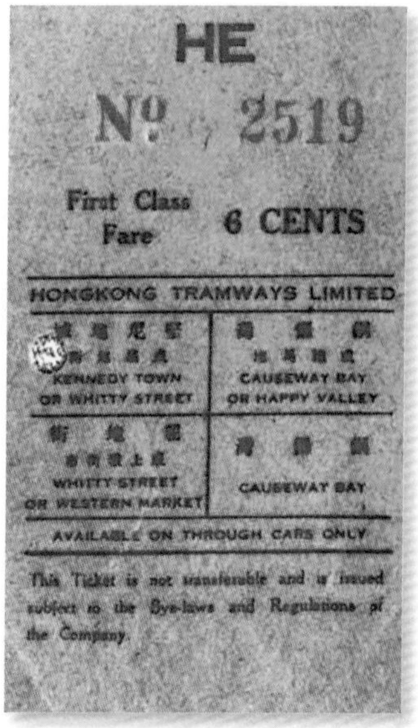

㊨ 編號「HE No.2519」的頭等電車車票，當時車資為六仙。

㊧ 1950年代電車公司發行的編號「Md5401」書館幼童票，相當於現今的學生票。該車票是在英國印製。

CV 6991
First Class Fare
6 Cents
HONGKONG TRAMWAYS LIMITED
堅利地城
Kennedy Town
銅鑼灣 或跑馬地
Causeway Bay or Happy Valley
屈地街
Whitty Street
銅鑼灣 或跑馬地
Causeway Bay or Happy Valley
上環街市
Western Market
銅鑼灣 或跑馬地
Causeway Bay or Happy Valley
Available on Through - Cars Only
This Ticket is not transferable and is issued subject to the Bye-laws and Regulations of the Company.

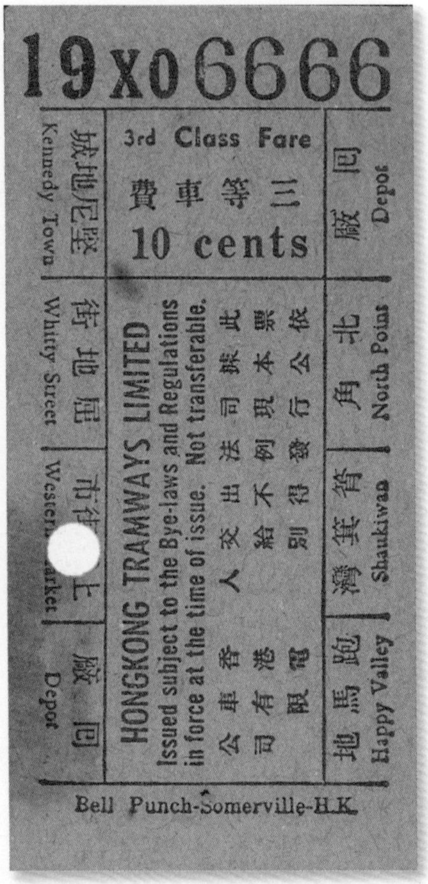
19xo6666
3rd Class Fare
三等車費
10 cents
HONGKONG TRAMWAYS LIMITED
Issued subject to the Bye-laws and Regulations in force at the time of issue. Not transferable.
Kennedy Town
Whitty Street
Depot
North Point
Shaukiwan
Happy Valley
Bell Punch-Somerville-H.K.

㊨ 1970年編號「19xo6666」的三等電車車票。

㊧ 編號「CV6991」的頭等電車車票。票上圓孔是乘客買票時，票務員在票上打孔以作為已付車資的標記。

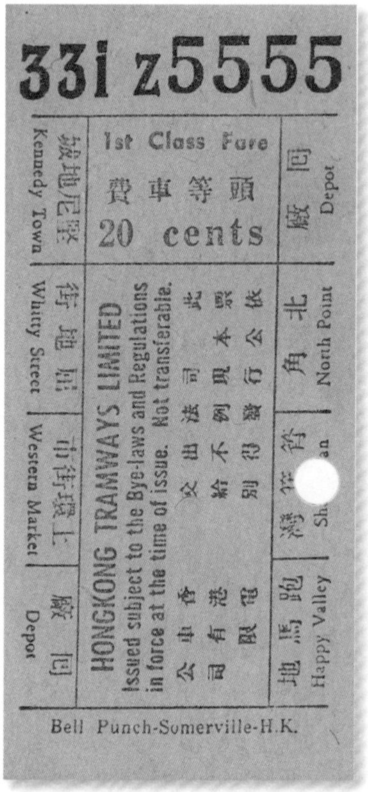

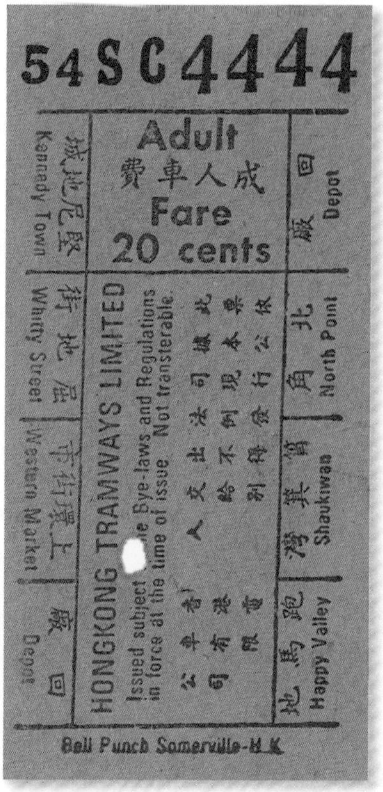

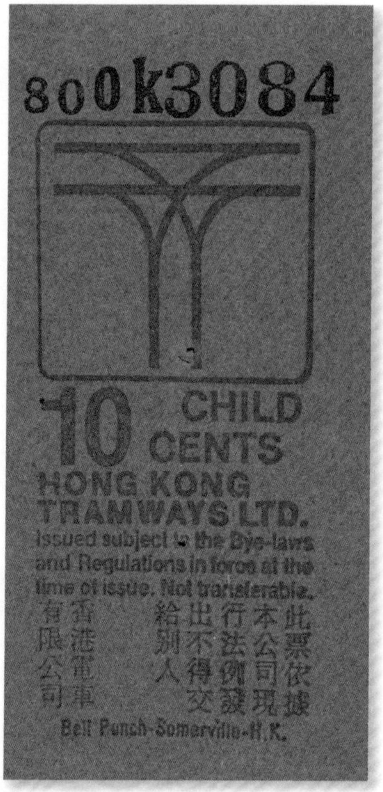

㊨ 編號「80OK3084」的小童電車車票。

㊥ 1970年代編號「54SC4444」的成人電車車票。

㊧ 1970年代編號「33iz5555」的頭等電車車票。

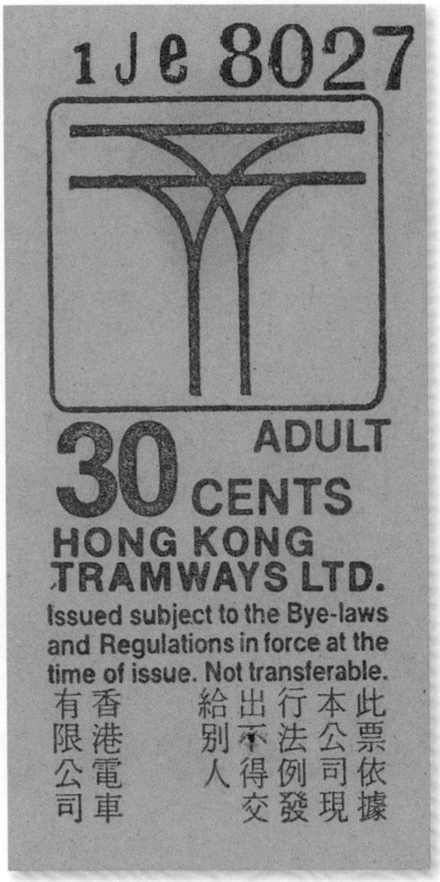
1Je 8027
ADULT
30 CENTS
HONG KONG TRAMWAYS LTD.
Issued subject to the Bye-laws and Regulations in force at the time of issue. Not transferable.
此票依據本公司現行法例發出不得交給別人
香港電車有限公司

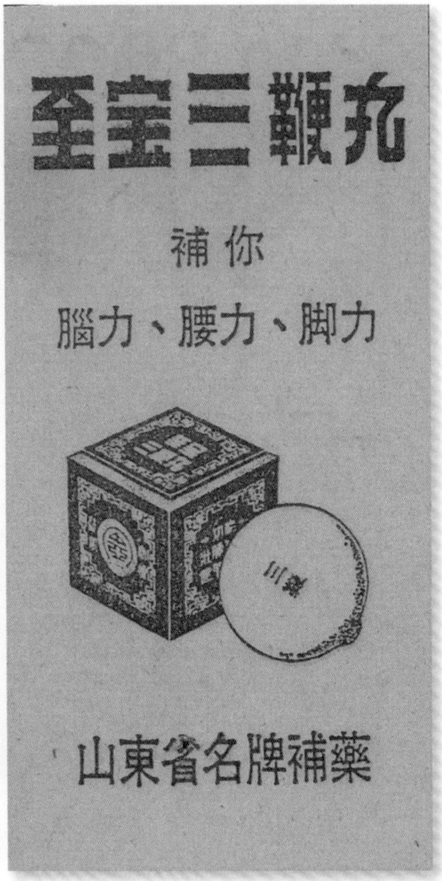
至宝三鞭丸
補你
腦力、腰力、脚力
山東省名牌補藥

㊨ 1970年代電車車票背面的廣告。

㊧ 1970年代編號「1Je8027」的電車車票。該票是最後一代車票。

香港電車
HONG KONG TRAMWAYS
15164
免費電車乘車券(單程)
Free Tram Ride Coupon (Single Trip)
Valid Till 有效日期
30 OCT 2014

香港電車
HONG KONG TRAMWAYS
20796
E
免費電車乘車券(單程)
Tram Ride Coupon (Single Trip)
26 NOV 2014

香港電車自1904年以來，一直致力爲市民提供價格合宜、可靠及便捷的交通服務；同時力求卓越，超越二十一世紀顧客的期望。

Service Hong Kong since 1904, Hong Kong Tramways has been committed to providing affordable, reliable and convenient transport services, while striving to go beyond the expectations of the 21st Century customers.

Customer Service Hotline 客戶服務熱線 **2548 7102**

細則及條款：

1. 乘車券需於指定日期內使用。
2. 請於下車時出示乘車券並投入錢箱內。
3. 每張乘車券只限用一次。
4. 乘車券如有遺失或損毀將不獲補發亦不能兌換現金。
5. 影印本無效。
6. 如有任何爭議，香港電車有限公司保留最終決定權。

Terms & Conditions:

1. This coupon is valid until the date shown.
2. Present this coupon when alighting the tram.
3. Each coupon can only be used once.
4. This coupon has no cash value and cannot be redeemed for cash. Loss or damaged coupons will not be replaced.
5. Photocopies of this coupon will not be accepted.
6. In case of any disputes, the decision of Hong Kong Tramways, Limited shall be final.

(右) 「佔領行動」期間，電車公司提供的免費轉乘車券細則。

(左) 2014年9月26日至12月15日的「佔領行動」期間，電車公司免費接載乘客往返維多利亞公園至百德新街，同時提供免費轉乘車券予乘客，接載他們往來東西方電車路段。E是代表東行，W是代表西行。

03

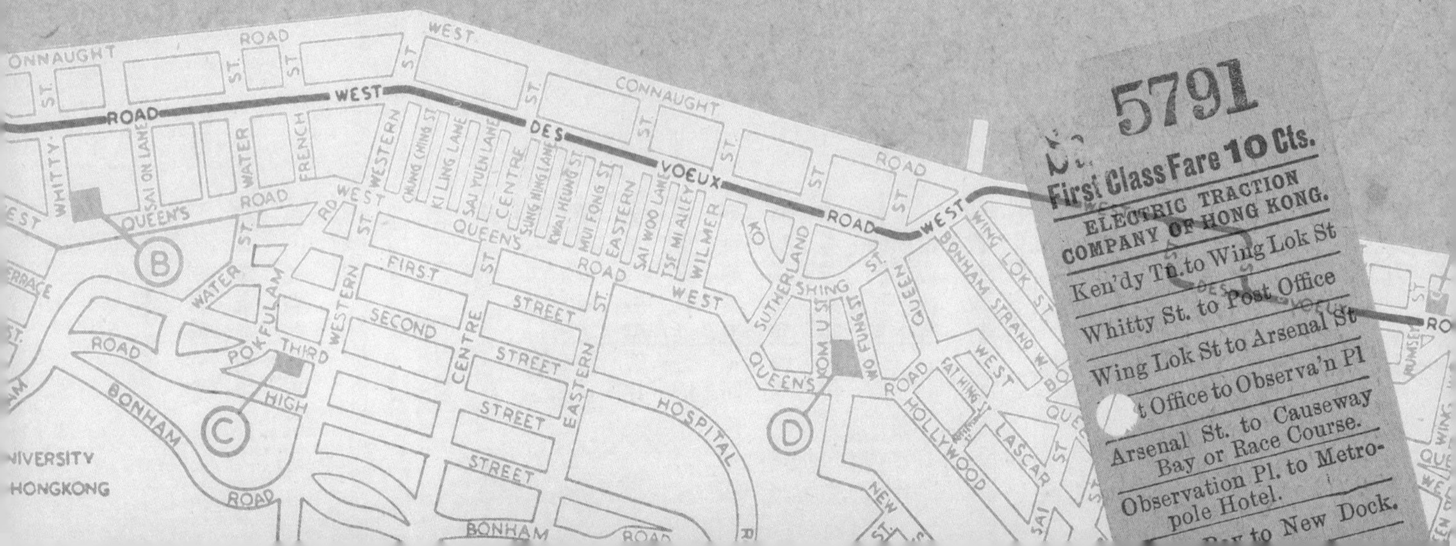
CONNAUGHT
ROAD
WEST
DES
VOEUX
ROAD
WEST
CONNAUGHT
ROAD
WHITTY
SAI ON LANE
WATER
FRENCH
WESTERN
CHUNG CHING ST
KI LING LANE
SAI YUEN LANE
CENTRE
SUNG HING LANE
KWAI HEUNG ST
MUI FONG ST
EASTERN
SAI WOO LANE
TSE MI ALLEY
WILMER
SUTHERLAND
QUEEN
BONHAM STRAND W.
WING LOK
QUEEN'S
ROAD
WEST
FIRST
STREET
SECOND
STREET
THIRD
STREET
POKFULAM
HIGH
BONHAM
ROAD
HOSPITAL
SHING
KOM U ST
WO FUNG ST
SAI HING
HOLLYWOOD
LASCAR
NEW ST.
B
C
D
UNIVERSITY
HONGKONG
5791
First Class Fare 10 Cts.
ELECTRIC TRACTION
COMPANY OF HONG KONG.
Ken'dy Tn. to Wing Lok St
Whitty St. to Post Office
Wing Lok St to Arsenal St
t Office to Observa'n Pl
Arsenal St. to Causeway
Bay or Race Course.
Observation Pl. to Metro-
pole Hotel.
to New Dock.

HONGKONG TRAMWAYS Ltd.

滄海桑田

老街坊知道它的歷史，它和左右一排房屋，連同馬路對面的樓宇，50 年代初建成的時候，構成了「小上海」的風光場面，叫保守小儉的香港本地人，大開眼界。由皇都戲院到北角電車總站一段英皇道，50 年代初，由平地一片，忽然矗立了一群新樓。現在皇都戲院與北角道之間，建起一個大遊樂場——月園，巨大的摩天輪轉又轉，離得遠遠都看得見。

小思〈北角〉

電車從銅鑼灣維多利亞公園繼續往東前進，途經北角、鰂魚涌，最終抵達筲箕灣總站。這一帶早期人煙不多，環境寧靜，有的都是一些小漁村或石礦村。自 1880 年代開始，太古洋行在鰂魚涌購買了大量地皮，發展成為太古船塢、太古糖廠，從此，這一帶的面貌開始產生變化。其後，不少華資企業亦選擇在此設廠生產。這一帶逐漸成為港島的工商業中心。隨著工作人口及居住人口的增加，不少娛樂場所應運而生，除了戰前的皇家遊艇會及七姊妹泳棚外，還有戰後開業的名園遊樂場、明園遊樂場、麗池夜總會等。

電車途經上述多處遊樂設施，引領市民從繁囂世俗走進休閒世界，為緊張的都市生活增添一點快樂與閒暇。但「滄海桑田幾變更」，讓這一帶從昔日恬靜閒暇的休閒勝地，發展成為今天高樓林立的社區，既有眾多的住宅屋苑，也有各行各業的辦公大樓。

電車代替傳統的以人力推動的交通工具，標誌著香港進入了「摩登時代」。

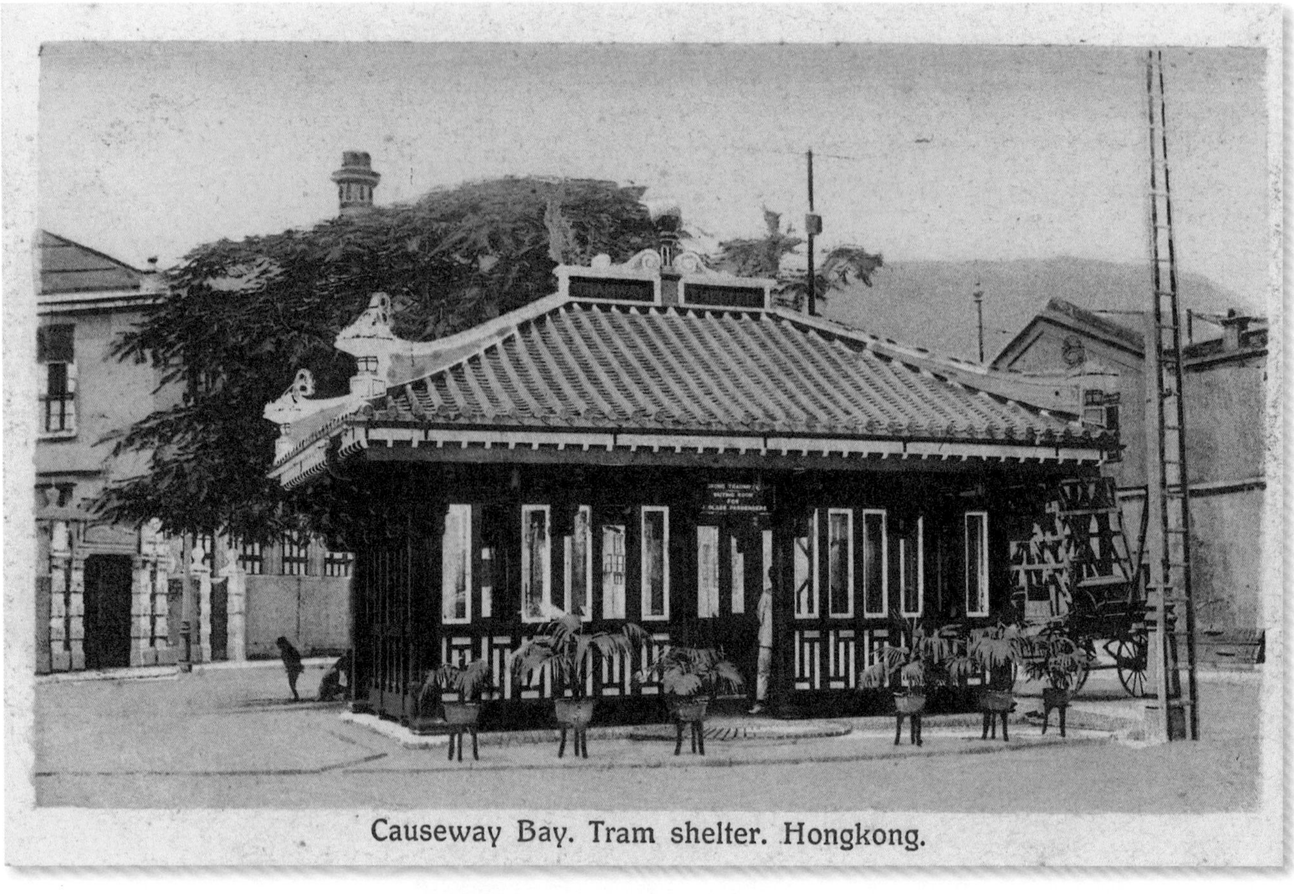
Causeway Bay. Tram shelter. Hongkong.

明信片畫家筆下的銅鑼灣電車總站。

早期的銅鑼灣電車站候車亭。圖中可見正進行路軌鋪設工程。

銅鑼灣電車總站，候車亭清晰可見。第四代電車已建有木製上蓋。

日佔時期的電車。車前標明是「荷物車」是指該輛電車被安排作貨運之用。

位於怡和街的銅鑼灣電車總站。圖右是 1949 年 3 月 29 日開幕的樂聲戲院（Roxy Theatre），現址已改建成樂聲大廈。

今天位於銅鑼灣的換軌道岔。

1950 年代的怡和街。該處是銅鑼灣電車總站，往銅鑼灣的電車繞過圖中的噴水池轉往西行方向。

㊤ 電車司機及售票員制服上的鈕扣（一）。

㊦ 電車司機及售票員制服上的鈕扣（二）。

一輛電車風馳電掣地駛經銅鑼灣海傍。圖中可見傳統的以人力推動的交通工具：腳踏車和人力車。

一輛駛經高士威道的電車。圖左港灣經填海後，已建成維多利亞公園。

怡和街與高士威道交匯處。圖右大廈是華都酒店，圖左可見1957年10月落成的維多利亞公園。

1970年代，一輛電車駛經北角砲台山一段英皇道。

1960年代的英皇道，背景可見皇都戲院。皇都戲院前身為1952年建成的璇宮戲院，戲院頂部呈拋物線形的巨型飛拱支架是全球劇場界獨一無二的設計。

1989 年北角春秧街街市。電車與街坊的近距離接觸，構成一幅日常生活的寫照。

1970 年代的電車站，設計比較簡單。此站位於英皇道六百一十四至六百二十八號寶石樓前方。

中華游水棚全景 BATHING BEACH, H.K.

三輛電車停泊在北角七姊妹海濱的中華游泳場門前。中華體育會於1929年4月獲政府批准在該處興建海浴場。

英皇道往太古城方向，近柏架山的交通意外，導致電車東行服務受到影響。

(上) 1980 年代取消使用的電車站牌。

(下) 2011 年開始使用的電車站牌。

1950 年代的北角，可見兩輛駛往不同方向的電車擦肩而過。

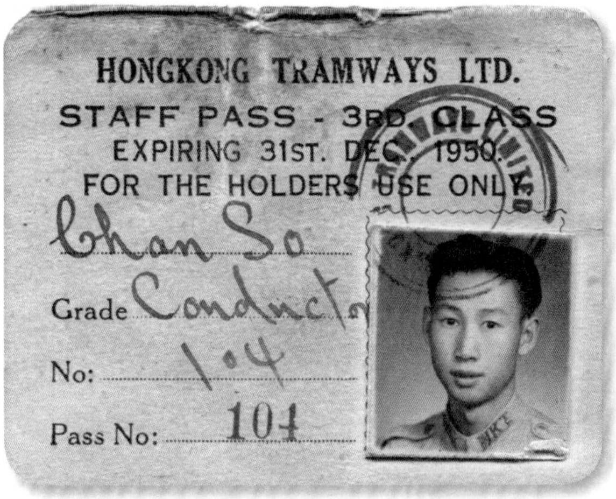

㊤ 1950年的員工乘車證。證上註明是乘搭三等車廂。

㊦ 電車公司福利中心證件。

HONGKONG TRAMWAYS LTD.
STAFF PASS - 3RD. CLASS
EXPIRING 31ST. DEC., 1951.
FOR THE HOLDERS USE ONLY.

Chan Chi Shing

Grade Conductor

No: 377

Pass No: 1077

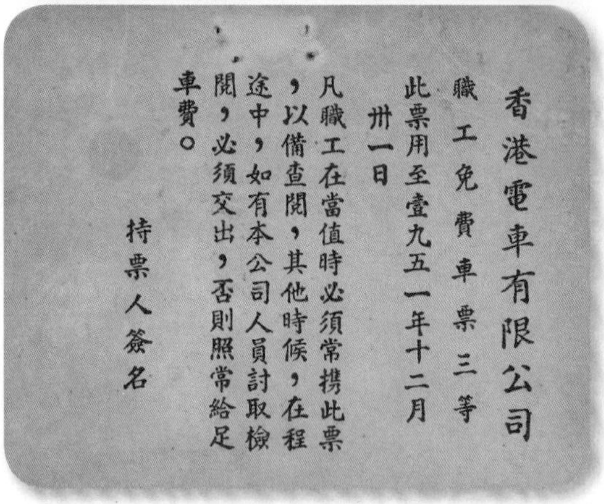

香港電車有限公司

職工免費車票　三等

此票用至壹九五一年十二月卅一日

凡職工在當值時必須常攜此票，以備查閱，其他時候，在程途中，如有本公司人員討取檢閱，必須交出，否則照常給足車費。

持票人簽名

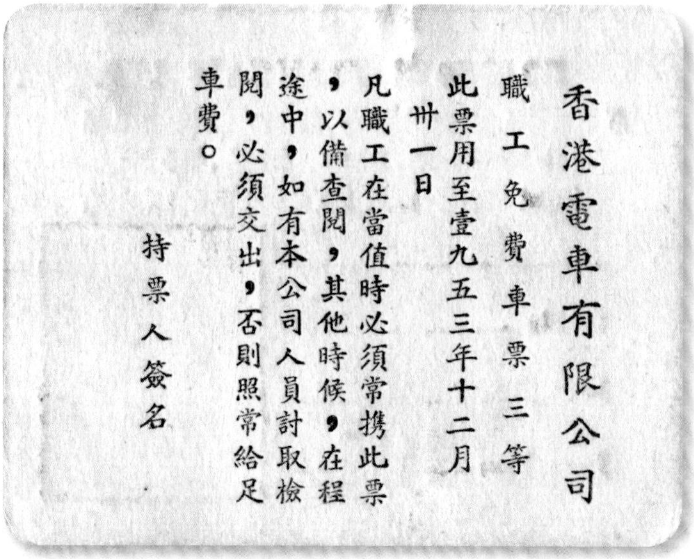

香港電車有限公司

職工免費車票　三等

此票用至壹九五三年十二月卅一日

凡職工在當值時必須常攜此票，以備查閱，其他時候，在程途中，如有本公司人員討取檢閱，必須交出，否則照常給足車費。

持票人簽名

㊨ 1953年的職工免費車票，票上註明是乘搭三等車廂之餘，亦要求職工當值時必須攜帶。

㊧ 1951年11月的職工免費車票（正面／背面）。

電車投入服務後，市民前往城市邊陲地區變得更加方便。

一輛駛往筲箕灣的電車。車門上標明了「三等」的中英文字樣外，車內亦標明「待車停定方可落車」的字句。

一輛駛經筲箕灣道前往上環街市的電車。筲箕灣道是早期港島東區的主要幹道。

位於金華街的筲箕灣電車總站是最東端的車站。後方建築物清楚可見筲箕灣商會的招牌。

香港電車職工會記事簿。

2016年，由香港電車裝嵌的觀光電車是仿1920年代設計，上層是開放式，下層則是懷舊古典車廂。

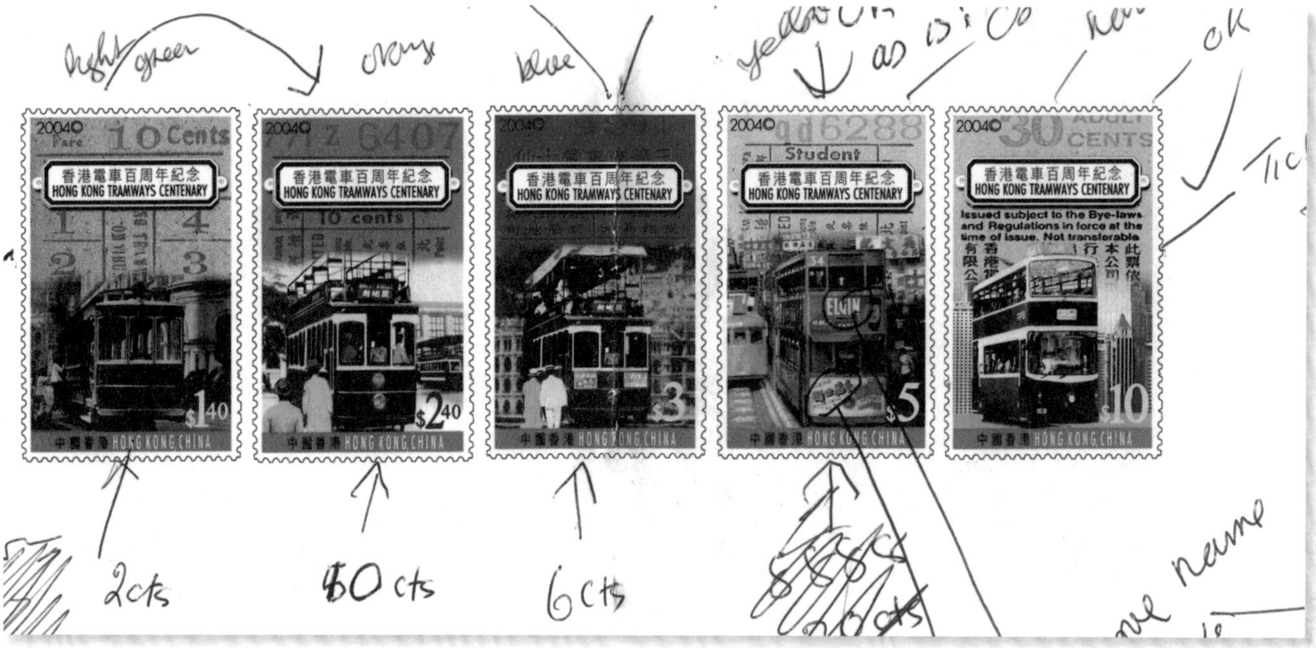

2004 年由香港郵政發行的香港電車百週年紀念郵票初步設計草圖。

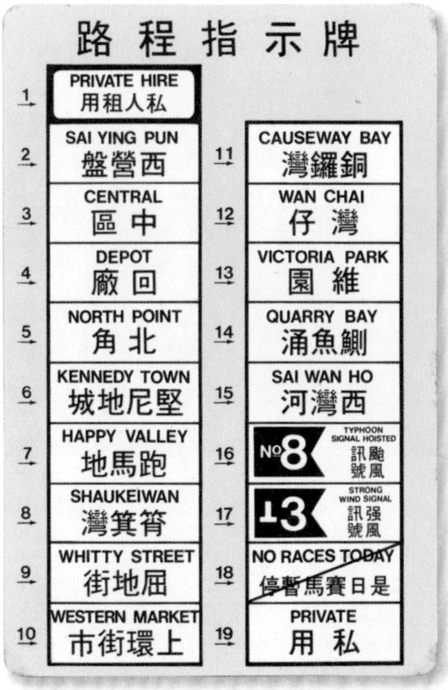
路程指示牌
1 PRIVATE HIRE 用租人私
2 SAI YING PUN 盤營西
3 CENTRAL 區中
4 DEPOT 廠回
5 NORTH POINT 角北
6 KENNEDY TOWN 城地尼堅
7 HAPPY VALLEY 地馬跑
8 SHAUKEIWAN 灣箕筲
9 WHITTY STREET 街地屈
10 WESTERN MARKET 市街環上
11 CAUSEWAY BAY 灣鑼銅
12 WAN CHAI 仔灣
13 VICTORIA PARK 園維
14 QUARRY BAY 涌魚鰂
15 SAI WAN HO 河灣西
16 No8 TYPHOON SIGNAL HOISTED 訊颱 號風
17 3 STRONG WIND SIGNAL 訊强 號風
18 NO RACES TODAY 停暫馬賽日是
19 PRIVATE 用私

㊨ 電車路程指示牌。

㊧ 早期的電車織藤座椅。

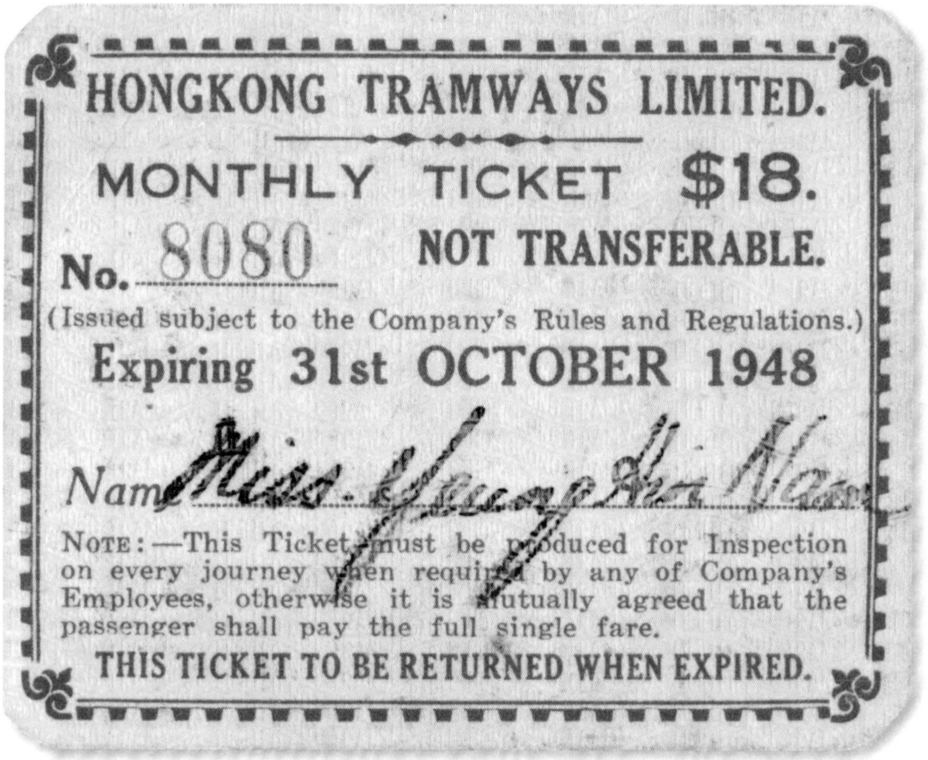
HONGKONG TRAMWAYS LIMITED.

MONTHLY TICKET $18.

No. 8080 NOT TRANSFERABLE.

(Issued subject to the Company's Rules and Regulations.)

Expiring 31st OCTOBER 1948

Name

NOTE:—This Ticket must be produced for Inspection on every journey when required by any of Company's Employees, otherwise it is mutually agreed that the passenger shall pay the full single fare.

THIS TICKET TO BE RETURNED WHEN EXPIRED.

1948年10月編號「8080」的電車月票。

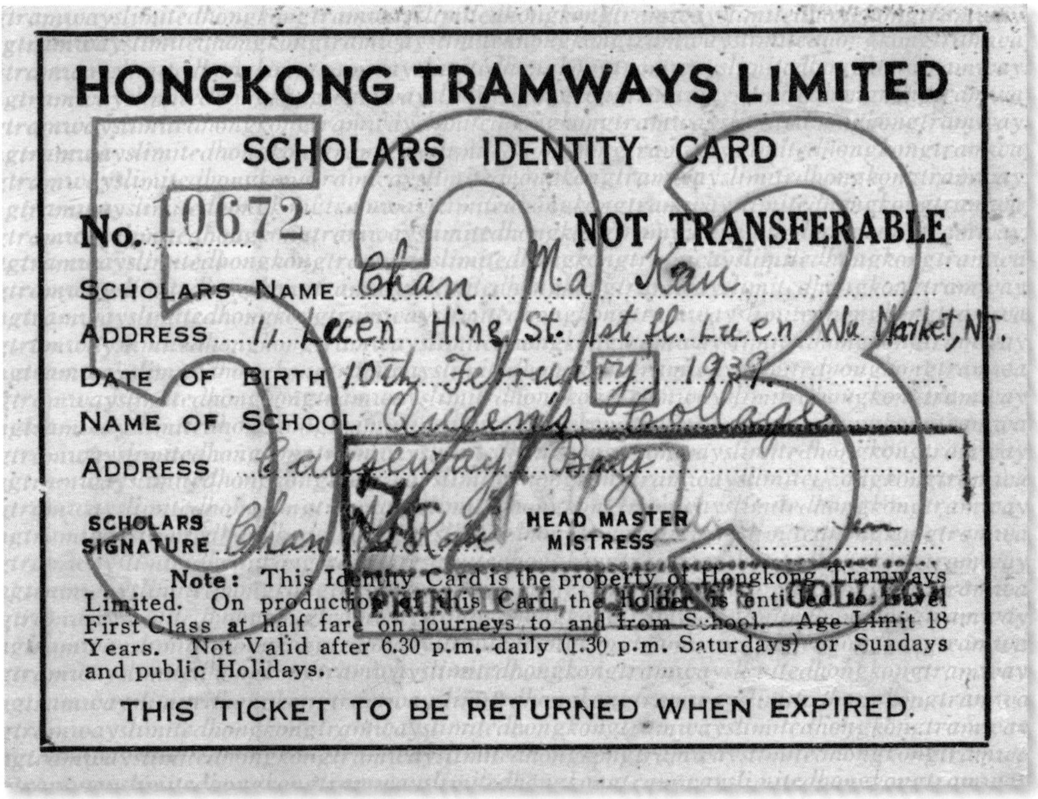

HONGKONG TRAMWAYS LIMITED

SCHOLARS IDENTITY CARD

No. 10672 NOT TRANSFERABLE

SCHOLARS NAME Chan Ma Kau

ADDRESS 1, Luen Hing St. 1st fl. Luen Wo Market, N.T.

DATE OF BIRTH 10th February 1939.

NAME OF SCHOOL Queen's College

ADDRESS Causeway Bay

SCHOLARS SIGNATURE Chan Ma Kau HEAD MASTER MISTRESS

Note: This Identity Card is the property of Hongkong Tramways Limited. On production of this Card the holder is entitled to travel First Class at half fare on journeys to and from School. Age Limit 18 Years. Not Valid after 6.30 p.m. daily (1.30 p.m. Saturdays) or Sundays and public Holidays.

THIS TICKET TO BE RETURNED WHEN EXPIRED.

1952 年的學生乘車優惠票。車票並不適用於十八歲以上的學生。

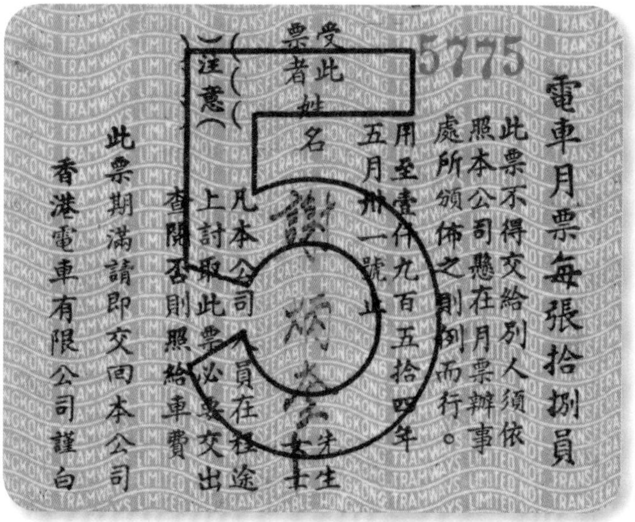
5775
電車月票每張拾捌員
此票不得交給別人須依照本公司懸在月票辦事處所頒佈之則例而行。
用至壹仟九百五拾四年五月卅一號止
受此票者姓名
先生
女士
注意
凡本公司人員在程途上討取此票必要交出查閱否則照給車費
此票期滿請即交回本公司
香港電車有限公司謹白

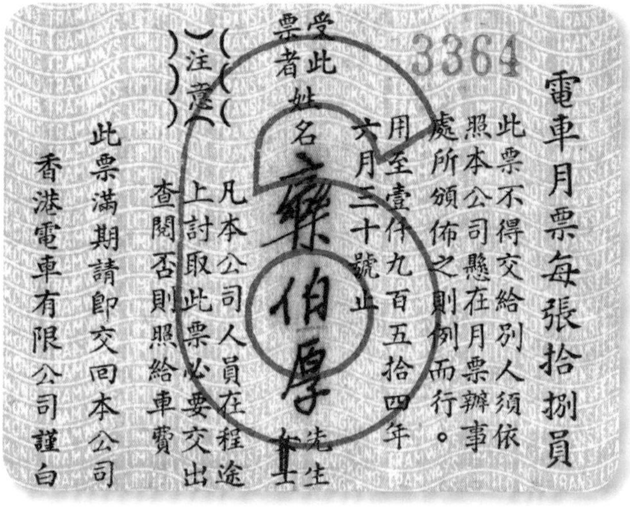
3364
電車月票每張拾捌員
此票不得交給別人須依照本公司懸在月票辦事處所頒佈之則例而行。
用至壹仟九百五拾四年六月三十號止
受此票者姓名
先生
女士
注意
凡本公司人員在程途上討取此票必要交出查閱否則照給車費
此票滿期請即交回本公司
香港電車有限公司謹白

㊤ 1954 年 5 月編號「5775」的電車月票。票上註明「此票滿期請即交回本公司」。

㊦ 1954 年 6 月編號「3364」的電車月票中文票面。

HONGKONG TRAMWAYS LIMITED

MONTHLY TICKET $18.

No. 8523 NOT TRANSFERABLE.

Issued subject to the Company's Rules and Regulations, displayed in the office of issue.

Expiring 30th NOVEMBER 1954

Name MR. LEE SUNG KWONG

NOTE:—This Ticket must be produced for Inspection on every journey when required by any of Company's Employees, otherwise it is mutually agreed that the passenger shall pay the full single fare.

THIS TICKET TO BE RETURNED WHEN EXPIRED.

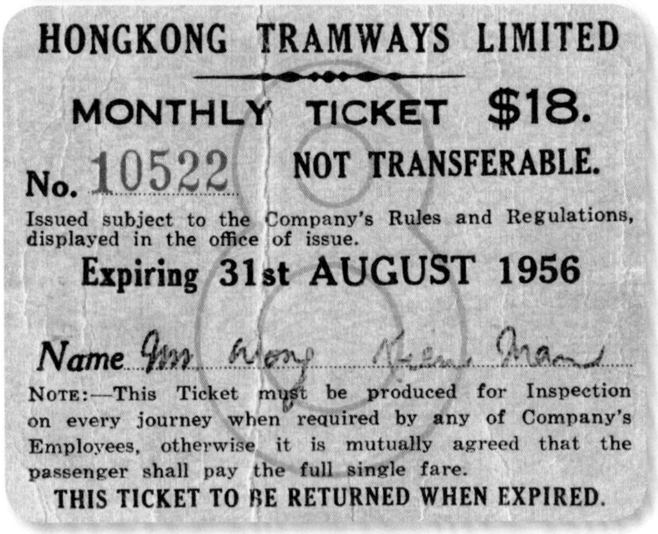
HONGKONG TRAMWAYS LIMITED

MONTHLY TICKET $18.

No. 10522 NOT TRANSFERABLE.

Issued subject to the Company's Rules and Regulations, displayed in the office of issue.

Expiring 31st AUGUST 1956

Name Mr Wong [illegible]

NOTE:—This Ticket must be produced for Inspection on every journey when required by any of Company's Employees, otherwise it is mutually agreed that the passenger shall pay the full single fare.

THIS TICKET TO BE RETURNED WHEN EXPIRED.

㊤ 1954年11月編號「8523」的電車月票英文票面。

㊦ 1956年8月編號「10522」的電車月票。當時票價為十八元。

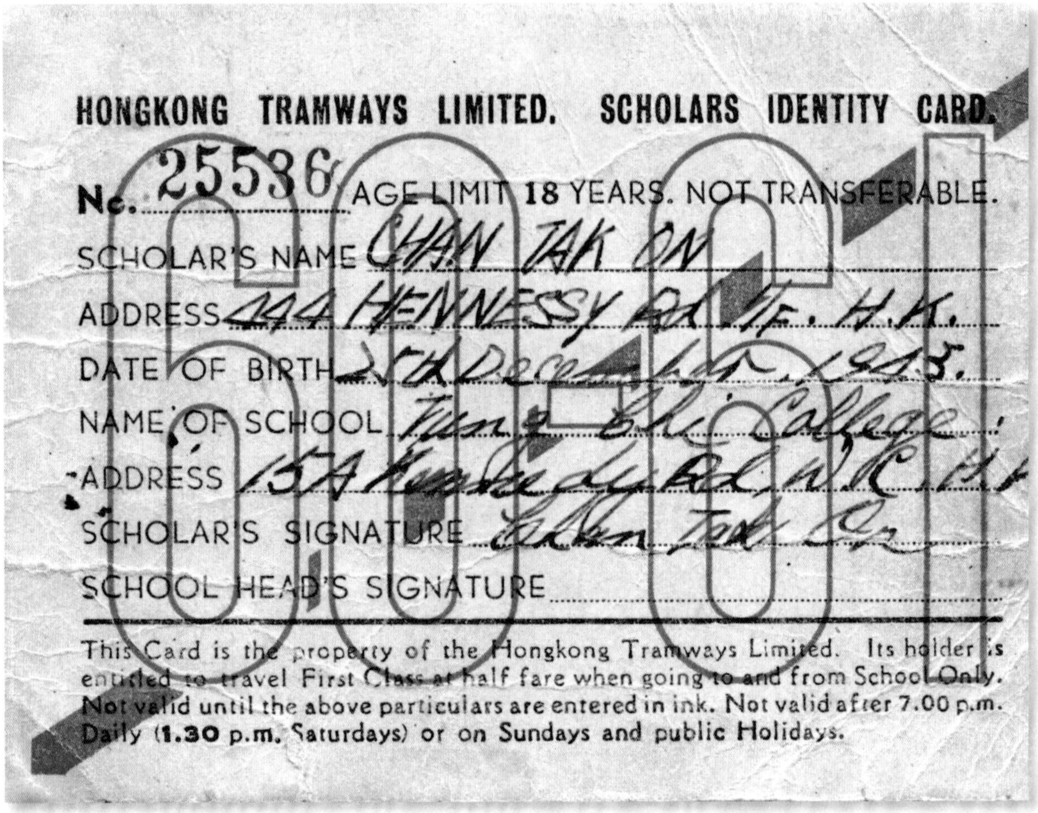

HONGKONG TRAMWAYS LIMITED. SCHOLARS IDENTITY CARD.

No. 25536 AGE LIMIT 18 YEARS. NOT TRANSFERABLE.

SCHOLAR'S NAME CHAN TAK ON

ADDRESS 144 HENNESSY Rd. 1/F. H.K.

DATE OF BIRTH

NAME OF SCHOOL

ADDRESS

SCHOLAR'S SIGNATURE

SCHOOL HEAD'S SIGNATURE

This Card is the property of the Hongkong Tramways Limited. Its holder is entitled to travel First Class at half fare when going to and from School Only. Not valid until the above particulars are entered in ink. Not valid after 7.00 p.m. Daily (1.30 p.m. Saturdays) or on Sundays and public Holidays.

1960年編號「25536」的學生乘車優惠票。持票者可在上學日以半價乘搭頭等車廂。

Nº 8888
$80.00
HONGKONG TRAMWAYS LIMITED
Valid from 1st to 29th Feb., 1992
有效日期：由一九九二年二月一日起
至二月廿九日止
Ticket to be shown to motormen
Or on demand
NOT TRANSFERABLE
Invalid without holder's signature in ink.
No replacement will be made if ticket lost.
Issued subject to Company's Rules & Conditions
香港電車有限公司
乘車時必需出示月票予司機員
不得讓給別人
持票人必須要用墨水簽名否則作無效
本月票乃根據本公司規例而發
簽名
Signature

1992年2月編號「8888」的電車月票。

Hongkong Tramways' Centenary Tourist Tram Ride Pass
香港電車百周年旅客電車遊乘車券
Each pass entitles one visitor to one complimentary ride on open-top antique tram during the period of July 5 to 31, 2004.
旅客憑此乘車券可於二〇〇四年七月五日至三十一日，免費乘坐古董開篷電車作觀光遊乙次
Pick up location 上車地點：
Western Market Tram Terminus
(Near Sheung Wan MTR station Exit B)
西港城電車總站（近上環地鐵站B出口）
Route
路線：
Western Market 上環西港城
1 hour 15 minutes
一小時十五分鐘
Causeway Bay 銅鑼灣
Est. 1904
28
Boarding Time 登車時間：19:00
For reservations, please call 2118 6301 from 9:00 to 17:00 daily. Do make reservations in advance to avoid disappointment. Remember to show this free ride pass and your passport to our driver before you board on the tram.
為確保閣下能於指定日子乘坐古董開篷電車，請於每日 9:00 - 17:00 致電 2118 6301 預約；並於登車前出示此乘車券及旅遊証件。
Reservations are accepted on a first-come-first-served basis
Tram will depart punctually at 19:00 sharp and will not wait for late passengers
Only original pass is accepted
Supporting Organizations 支持團體
MARCO POLO HOTELS
HONG KONG
天星小輪有限公司
The "Star" Ferry Company, Limited
香港電台第二台
「驟光第一線」
全力支持

2004年的香港電車百週年旅客電車遊乘車券。

㊨ 「電車全景遊」是電車公司推出的遊覽電車路線。路線來往上環與銅鑼灣之間。圖為黃金套票特別版式樣。

㊧ 2014年，為紀念香港電車服務香港一百一十週年而發行的八達通紀念車票。

(上) 編號「A00000」的四日旅客紀念票。

(下) 電車公司發行的電車遊票，乘客可選擇乘搭一小時懷舊電車或兩天內不限次數乘搭普通電車。

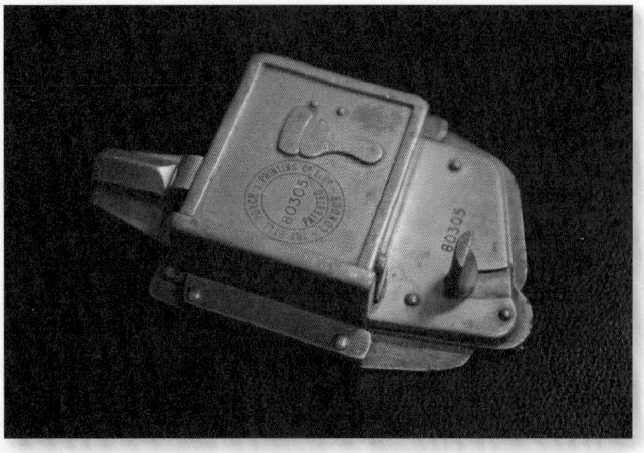

㊤ 售票員手持的車票打孔器，打孔時會發出「叮」的清脆聲音。

㊦ 電車上的警示鐘，「叮叮」的清脆聲音令電車擁有「叮叮」這個親切的別稱。

終章

一百多年的朝夕，電車見證了香港的繁華起落。電車作為一個展現「歷史時間」流轉的載體，嘗盡社會的人生百態。日常的故事內，它既曾當主角，亦曾淪為配角。驀然回首，方知可堪細味的不是名與利，而是一筆筆塗上去的色彩。了解電車的前世今生，罕見的歷史檔案和圖像彌足珍貴，它的價值並非全然以文物的經濟價值來估量，而是承載的訊息給予我們一個嶄新的思考空間。

急速的生活節奏令電車不再是市內的主要交通工具，但它那種洗盡鉛華的色彩，卻給人一種自然而不造作、平實而不豪華的感覺。電車平均速度為每小時十公里，那種接近「人性尺度」的車速，使人更容易觀察到社會的急速變化和社區的新陳代謝，亦給人在急速生活步伐中找到喘息機會。

站在電車路旁，看著電車在熙來攘往的馬路中央慢慢地駛過，它在軌道上留下的痕跡縱使不深刻，但卻為平凡的鬧市畫下了點綴，成為了每一代香港人的「集體回憶」。

香港電車，縱使故事平淡，但當中有你，已經足夠了。

鳴謝

本書得以順利付梓，實有賴好友們的支持和鼓勵。首先感謝香港電車有限公司董事總經理魏文先生（Emmanuel Vivant）、香港電車迷會會長李俊龍先生為本書賜序。此外，衷心感謝提供協助的朋友和機構，包括譚宗穎小姐、吳韻怡女士、馬潔婷女士、吳貴誠先生、周浩正先生、高添強先生、鄭寶鴻先生、劉國偉先生、陳汝佳先生、楊志雄先生、劉俊豪先生、劉國華先生、劉善生先生、謝耀漢先生、香港電車有限公司、香港大學圖書館香港特藏部、長春社文化古蹟資源中心、Keighley Library。在此，亦要感謝三聯書店（香港）有限公司出版二部經理梁偉基博士的鼎力襄助和支持，為本書的出版提供了寶貴意見。

拙作錯漏與失誤之處，乃我們學有不逮所致，尚請讀者不吝賜教。

周家建　張順光　吳貴龍

二〇一六年春